成志教育：

清华大学附属小学立德树人实践研究

窦桂梅 等 著

教育科学出版社
·北京·

本书主要内容获 2018 年基础教育国家级教学成果奖一等奖

目录

CONTENTS

第三章　成志教育路径："1+X 课程"学科培育

第四章　成志教育路径："1+X 课程"活动涵育

序一

成志教育创造立德树人鲜活经验

/ 顾明远

以“成志教育”为主线和核心，清华大学附属小学（以下简称“清华附小”）进行了丰富生动的教育教学实践，提供了很宝贵的立德树人经验。通过推行成志教育，学校主动、自觉又富有创造性地实现了立德树人在小学阶段的扎实落地，这是小学教育阶段落实立德树人根本任务的可贵探索。

教育的本质是什么？简单地说，是传承文化，培养人才，让受教育者成人成才。国家的发展、民族的进步离不开人才的支撑，创新人才的培养离不开有创新激情和创新能力的学校，离不开一所所学校深入持久地帮助学生在道德品质、言行举止、才能智慧上不断取得进步。立足课堂，在全国教育改革发展中，很多学校创造了优秀的实践案例，清华附小的成志教育实践就是其中的典范。

清华附小开展的成志教育是建立在科学认知小学生身心特点、尊重小学教育规律、准确认识社会变革对人才要求的基础上的，也是对该校百年文化的传承和进一步创新。学校把社会主义核心价值观融入教育教学全过程，继承百年成志学校传统，梳理百年办学历程中的精神遗产与文化积淀，完成了从“1+X 课程”体系到系统育人的整体跨越，总结出成志教育的育人理念和办学模式，实现了立德树人根本任务在小学的落细、落小、落实。学校提出，在小学教育阶段，要“为聪慧与高尚的人生奠基”，其中很重要的一块基石就是“成志”。学校倡导成志教育，强调“成志”在小学阶段的独特价值。小学生理想、意志与行动力的培养事关如何扣好人生的第一枚纽扣，事关其未来发展的方向、动力和可持续性。成志教育在孩子们身上种下的是社会主义核心价值观的种子，是契合时代和国家需求、奠定未来发展基础的种子。

成志教育历经多年实践，形成了可以扎实落地的育人模式。学校确立了成志教育的价值取向，从学科育人及主题活动等方面细化了成志教育的育人目标，并完成了这些目标适合儿童话语的表达，把立德树人根本任务和学校发展、学生发展实际紧密联系在一起，形成了育人模式的校本特色。成志教育在实践中特别注重对儿童身心发展规律的尊重，学校倡导“儿童站立在学校正中央”，尊重学生的“天资与性情”，在成长中帮助学生树立“理想与抱负”，引导学生付诸“意志与行动”。围绕这些目标，学校形成了富有特色的课程体系。如，横向优质落实国家基础课程，创生儿童个性课程，形成了“1+X 课程”结构；纵向通过“启程 — 知行 — 修远”小学六年的学段三进阶，引导学生循序渐进“成志”；横纵联合，构建以经典阅读、成志人物为轴线的主题课程群，通过“四个推动”教学方式，推动学生关键能力的形成等。

清华附小在教育实践中构建了指向全面而有个性发展的儿童自主发展、自主管理的教育生态。学校着力于“成志”，着力于社会主义核心价值观的培育，通过浸润式的教育情境，把价值观教育转化为自我体悟和自我教育。如，通过《成志少年说》、“丁香花开”校史剧、《成志少年养成三字口诀歌》细化价值观要求并推动学生内化于心、外化于行；学校强调“以美育人，以文化人”，引导儿童自主结合清华环境和人文风物进行民族文化自信的自我教育；引导儿童自觉用马约翰体育精神来激励自己强健体魄、磨砺意志。这些实践着力帮助学生记住要求、心有榜样、从小做起，效果是显著的。清华附小的学生健康、阳光、乐学，富有公益精神，有明晰的传统文化烙印和红色基因，体现了社会主义核心价值观对学生的精神滋养与培养。

好的教育离不开好的教师，成志教育不仅培育了优秀的学生，也有力地推动了教师队伍的成长。清华附小的教师有一个口号——“选择了清华，就选择了一生的责任”，并提出“把每一个学生的成长当作我们的最高荣誉”。学校挖掘百年历史中楷模教师的事迹加以弘扬，用成志教育引导教师自我教育、主动追求，从整体上提升了教师的教育水平，改变了教师的精神状态。清华附小的教师认真探究教育规律、研究教育对象，主动成长、积极创新，是成志教育收到实效的根本条件。

成志教育在实践中产生了多种新颖有效的育人方法，取得了一系列可操作性强的物化成果，丰富了小学落实立德树人的策略。学校边探索、边检验、边完善，建立了立德树人效果评价机制并积累了一系列办法，如“过程数据 + 关键事件 + 榜样引领”的立体式激励性评价机制。

在实践成志教育的过程中，清华附小的办学实力、管理水平、教育教学质量、队伍素质获得了全面提高，社会影响力和美誉度不断提升，取得了一系列可喜的办学成果。希望基础教育界能有更多像成志教育这样的探索和实践，也希望成志教育的经验辐射出去，为更多学校落实好立德树人的根本任务提供借鉴范本。

（顾明远，国家教育咨询委员会委员，北京师范大学资深教授，中国教育学会名誉会长）

序二

成志教育，儿童发展的价值坐标与行动方案

/ 成尚荣

立德树人是教育改革的核心目的和根本任务。落实这一根本任务，我们应当有强烈的责任心、使命感，还应当有紧迫感。随之而来的问题是如何遵循这一方向，在学校里落实立德树人，尤其是如何从儿童的需求和特点出发，在小学教育中有效实现。这是个极具挑战性的重大课题。值得注意的是，清华附小旗帜鲜明，经过多年的潜心研究、深入实践，对这一课题给出了积极而又成功的应答，寻找到了立德树人根本任务的实现方式，构建了成志教育系统育人模式。这是清华附小又一重大进步和重要贡献。正是在这一根本问题上，清华附小引领着小学教育改革的方向，并站在更高的平台上与世界进行了深度对话。

清华附小是从理论、实践两个方面来解答这一难题的。他们在实践与理论的互动中，生成并确立了一个主张：成志教育。这一主张的内核是：聚焦于志，着眼于成志，着力于成志教育的过程和方式，用成志教育与立德树人进行准确对接，让成志教育成为立德树人的切入口，并以此为突破，生发出新的生长点。这样的对接在逻辑上是合理的，在理论上是深刻的，

在实践上是具体的、可操作的。因此，成志教育是一把金钥匙，是一座金色的桥梁，在社会主义核心价值观的指引下，让儿童站在金色的大桥上，用金色钥匙打开未来之门，从此岸摆渡到彼岸，向着中华民族伟大复兴的中国梦永远前行。而在这个过程中，儿童自己也成长起来，成人，成才。

成志教育在理论上有新的理解和阐释。窦桂梅校长和她的团队形成了这样的见解：志，是儿童发展的价值核心；立志就是立德，立德需要立志；成志是立德树人的关键。成志也是立德树人的重要途径和方式，从成志走向立德，在立德中成志，从成志教育走向立德树人，路径清晰，方法具体。成志教育还是立德树人的境界，在成志教育过程中，充满着崇高的审美意义，让儿童充溢着审美的愉悦，因而成志教育闪烁着中华美学精神。这是其一。立志、成志，具有鲜明的儿童特点，符合儿童发展的规律和需求，它点燃了儿童的想象、憧憬和梦想，儿童在志向的天空里飞翔，飞向理想，飞向未来。这是其二。值得关注和思考的是，立志、成志，理想、信念，在当下受到物质利益至上、个人中心主义膨胀、道德困境、正确价值观缺失的严峻挑战。如何让理想、抱负、信念、信仰成为儿童成长的核心追求，如何让生命为祖国而澎湃，成为时代命题，成志教育更具现实意义。这是其三。总之，成志教育既是一个理论命题，又是一个实践命题；既是一个关于理想的问题，又是一个关于现实的问题。清华附小在社会主义核心价值观的引领下，根据立德树人根本任务，提出成志教育，是重要的、必要的、科学的，既表现了他们强烈的现实社会责任感，也表现了他们准确的判断力、决策力，还表现了他们的理论勇气。

理论上的进步带动了现实的突破，实践探索经验的丰富也带动了理论的生成和理性思考的深刻。在理论与实践的双向建构中，清华附小建构了儿童发展的坐标。这一坐标叫作成志教育，坐标的上空飘扬着社会主义核心价值观的旗帜，坐标的根本任务是立德树人。坐标的核心是儿童这个轴心。清华附小的核心理念——“儿童站立在学校正中央”在坐标上熠熠闪光。

假若没有人，假若儿童的核心地位缺失，便无成志可言，也无真正的教育可言。如今，“让儿童站立在课程（课堂、活动）正中央”已成为小学教育的共同理念，这正是从清华附小开始的。儿童立场彰显了教育价值，但儿童立场绝不仅仅是儿童个人的价值，儿童发展价值要与国家价值、民族振兴价值，即社会主义核心价值观统一起来，相互融通，双向关照。因此，成志教育坐标是一个价值坐标，价值坐标形成儿童未来发展的价值格局，是人生的价值坐标。清华附小对社会主义核心价值观有一个校本化的表达，以“为聪慧与高尚的人生奠基”为成志教育使命，以“身心健康、善于学习、学会改变、审美雅趣、天下情怀”为发展素养目标，以“健康、阳光、乐学”为儿童的形象特质，这些元素成为横坐标上的价值要点，成志教育坐标成了价值闪烁的天空，照耀着儿童的一生，而儿童则从价值认知走向价值认同，并认真践行，扣好人生的第一枚纽扣。

在这一坐标上还满溢着智慧实践的光彩。成志教育还是行动方案。清华附小用几根支柱组成了纵坐标，可贵的是，这几根支柱在成志教育的价值引领下发生了价值转向和跃迁。比如，“1+X 课程”，绝不仅仅是课程形态，也绝不仅仅是课程结构，而是从课程模式转向育人模式。其中的“1”是基于儿童实际，对国家课程进行教育性加工所形成的必修课程；“X”满足儿童选择性学习需求，充分激励与发展志趣。“1+X 课程”的深处是儿童，成志教育赋予“1+X 课程”更丰富、更深刻的价值内涵。比如，“主题教学”绝不只是从语文教学合理拓展到各学科教学，而是将主题教学定位于价值主题，是将社会主义核心价值观化为一个个具体的价值主题，让学生在学习中经历价值体验，进行价值澄清，进而实现价值选择，促进价值内化，又在外显的过程中形成价值信念以至信仰。事实证明，主题教学在成志教育的价值判断与引领下，成为引导学生攀登价值实现的阶梯。比如，“成志少年 6 年成长报告”，这是一种评价的呈现方式，更是评价理念、制度、方法的综合，真正回到评价的本义上 —— 价值判断和价值发展方向，如此等等。这些支柱已成了儿童发展的基石。

成志教育是一棵文化大树，无志无以成学，它深植在中华优秀文化的土壤中；厚德载物、自强不息，成为祖国的栋梁之材，它承续着清华的文化血脉；从小学习立志，从小学会创造，它又顺应着时代和未来的召唤。成志教育披着历史的风云，又沐浴着中华民族伟大复兴的中国梦的阳光。历史的纵深感、清华的文化厚重感、时代的使命感，汇聚为成志教育坚定的方向感。方向感是一种确定性，方向感又与获得感紧密相连。成志教育，这一儿童发展的价值坐标与行动方案，犹如当今的《少年中国说》。清华附小的行动，都在立德树人的实现方式中，都在育人模式的建构与完善中。我们应为之感到欢欣并认真学习，因为历史只眷顾坚定的奋进者与踏实的建设者，因为时代需要有创新思维的开拓者和创造者。

（成尚荣，国家督学，曾任江苏省教育科学研究所所长）

前言

伟大时代呼唤成志精神

/ 窦桂梅

“推故而别致其新”，让我们一起徐徐展开中国面向未来的行军图。

2020 年，全面建成小康社会；2035 年，基本实现社会主义现代化；21 世纪中叶，即 2050 年，建成社会主义现代化强国。在这伟大的行军中，有许许多多要完成的工程，其中提升教育水平尤为重要。这既是回应人民对优质教育的需求，又是教育服务时代发展必须完成的跨越。迈向新时代，我们内心的澎湃与憧憬无以言表。作为一线教育工作者，我们要以新作为呼应砥砺奋进的新时代，迈向 2020 年，至 2035 年，再至 2050 年。

让我们一起来做一道数学题，一起来展望与畅想。

2035 年，您多大？那时候的您在做什么？能做什么？那么，您眼下的学生，2035 年，他们多大？ 2050 年呢？他们那个时候该做什么？正在做什么？又能做什么？今天您面对儿童，就是面对未来。此刻，您有何感想？您是否思考过，今天的教育是为了适应现在，还是指向未来？如果选择为未来而教，我们能走向未来的实际支撑是什么？

如果没有过去的历史积淀与当下的思考，我们的未来行走有可能时时会面对歧路而不知所之。1915 年秋，清华附小的前身成志学校在时任清华大学校长周诒春的关怀下得以创立，距今已有百余年的历史。1915 年，全国上下，社会各界，纷纷集会拒不承认丧权辱国的“二十一条”；1915 年，《青年杂志》创刊，打起“民主”与“科学”两面大旗……回首历史，我们强烈感受到个人命运与国家命运休戚相关。成志学校将“人无志则不立”的个人之志与复兴家国的报国之志连接起来。尤其是抗日战争爆发后，成志学校随大学西迁云南，仍不忘初心，形成了“刚毅坚卓”之精神。

那么，成志学校的历史究竟带给我们怎样的思考？

成志精神是清华附小的传家宝。它又一次被时代擦亮，成为我们内心一面高扬的旗帜，成为学校办学精神的高标。电影《无问西东》讲述了四位不同时代的清华人、四个截然不同的故事，却都指向一所百年名校的精神传承，“器识为先，文艺其从，立德立言，无问西东”的时代风骨，那舍我其谁的豪迈，唤醒和激励着焦灼、迷惘的现代人。今天，我们走向未来，只有把历史当作最深沉的教育，才知道自己从哪里来，才不会身如浮萍。成志精神是稳定我们内心的力量，也将成为孩子内心的稳定器，照耀其一生。

成志精神告诉我们，永远要把个人的理想追求融入国家和民族的建设大业中，在国家的大局下思考与建构，在民族的大局下实践与行走。立德树人的要求促使我们思考，在互联网时代，在全球视野下，作为一个中国人，如何实现个人之志与报国之志的统一。

我们深知，成志精神不会自然而然在学生心中扎根。学生可以乐而忘忧，教师哪能不常怀忧患？未来他们成长为国家的中流砥柱，能否生发出“拼将十万头颅血，须把乾坤力挽回”的报国心，能否有“问苍茫大地，谁主沉浮”的时代叩问？那么，我们该怎样让学生懂得？基于儿童的先天禀赋，从兴趣出发，培育正确的价值观，让学生的兴趣里长出志趣，而这个志趣要与国家、民族的需要相统一，这是摆在清华附小面前的时代命题。

因此，成志教育的提出与实践，富有时代意义。

把第一枚纽扣扣好。在儿童生命的关键时期，打好精神底子，为聪慧与高尚的人生奠基。要让学生从小拥有理想和抱负，形成意志与品质，拿出实践和行动，以成为未来能担当民族复兴大任的时代新人。因此，对我们这些躬身基础教育实践的教师来说，让“儿童站立在学校正中央”，让学生懂得，不仅应该从辉煌的历史中收获感动，更应该树立奋斗的信念，把智慧与才华、劳动与汗水挥洒在新时代建设的工地上……

成志学校历百年而终成“成志教育”。清华附小实现了从“1+X 课程”到育人模式的整体跨越，淬炼出“成志教育：小学立德树人的校本实践”。我们提出成志教育理论，以成志为纲，厘清立德树人的小学价值追求；丰富“成志”的时代内涵，明确“有理想、有本领、有担当”的成志使命；确立“儿童站立在学校正中央”的教育哲学，形成指向理想与抱负、意志与品质、实践与行动的成志方略。

如何更好地促进立德树人的校本化实施？我们细化标准，保证国家课程高质量实施，具化“十个一”目标，明确规范；确立“启程 — 知行 — 修远”学段三进阶、以学科和活动育人的“1+X 课程”、主题课程群立体化实施路径；建立具有挑战性、周期性的问题驱动、工具撬动等策略体系；创新儿童内生机制，形成“过程数据 + 关键事件 + 榜样引领”评价系统；推进价值领导的师德长效养成体系。

鲁迅先生说：谁塑造了孩子，谁就塑造了未来。在某种意义上，我们就是在塑造这个国家的未来，塑造国家的气质和内涵。我们构建了教育价值选择的新坐标系：教育要有新作为，必须以面向未来为己任，主动创新。一所有追求的学校，一定要有危机意识，推动学校构建主动创新的发展模式，这是教育新作为的实践行动。这种主动创新的发展模式是一个大命题，涉及课程、教学、测量、评价等学校教育的各个层面，每所学校都可以根据自己的“校情”寻找到创新的起点。

未来我们要继续紧贴地面行走，不忘初心，坚守一线，埋头实践，不故步自封，敢于前行并矢志不渝。说一千，道一万，还是用心办学。一句话：遵循儿童兴趣，依据小学教育规律，为中华之崛起育人，继续塑造我们的文化自信和成志少年的“中国气质”。

伟大时代呼唤成志精神，崇高事业需要成志榜样引领。我们要从前行者那里汲取更多的精神养料，以“筚路蓝缕，以启山林”的创业精神开启我们教育事业的新时代。

（窦桂梅，清华大学附属小学党总支书记、校长，正高级教师、特级教师）

第一章

总述：成志教育

——小学立德树人的校本实践

成志教育拓展了小学立德树人的理论视野，推动了育人方式的系统创新。在实践中，清华附小确立了“启程 — 知行 — 修远”学段三进阶、以学科和活动育人的“1+X 课程”、主题课程群立体化实施路径；建立了具有挑战性、周期性的问题驱动、工具撬动等策略体系；创新了儿童内生机制，形成了“过程数据 + 关键事件 + 榜样引领”的评价系统；推进了价值领导的师德长效养成体系。

第三方出具的《2011 级成志少年 6 年成长报告》显示，学生理想信念足、意志品质高、关键能力强……清华附小创造了立德树人的鲜活经验，勾勒出了学生未来成志图谱。

一、问题的提出

围绕立德树人根本任务，探索如何改变育人方式，我们重点思考了以下三个问题。

（一）在小学教育阶段落实立德树人根本任务有哪些路径

针对小学普遍存在的“没有认识到立德树人的重要性，教育生态和育人环境不理想；没有从整体上落实立德树人，重知识、轻育人，重智育、轻德育，重学科、轻活动；立德树人缺乏有效途径”等问题，学校如何既面向未来，又结合百年办学传统与现状，全面深化育人模式、办学模式、保障机制改革，探索立德树人具体路径，是我们在办学中必须认真回答的问题。

（二）如何在尊重儿童身心发展规律的基础上，探索具体方法、路径

现在的儿童受社会多元价值的影响，普遍存在意志品质不强、价值追求不清、理想信念不足等现象。学校如何在尊重儿童身心发展规律的基础上，采取边摸索边改进的策略，探索、建立一些可评估、可检验的标准，让育人成效与国家的培养目标相适应，是保证立德树人效果的关键依据。

（三）如何把学校经验提升为具有普遍价值的育人模式

作为有着优秀办学传统和红色基因的学校，清华附小如何把通过自身实践探索出的教育教学成果，提炼成可复制、可推广的实践样本，是丰富立德树人实践的重要内容。

二、解决问题的过程与方法

（一）过程

1.酝酿、构建阶段（1997年3月—2010年12月）

提出“语文主题教学”立人主张，窦桂梅校长在人民大会堂宣讲，推进全学科育人；2010年构建“1+X课程”，高质量落实国家课程，细化课程标准，研制各学科质量目标指南，具化“十个一”目标，成志教育初现雏形。

2.实践、探索阶段（2011年1月—2013年5月）

聚焦课堂，深化学科育人，构筑学段三进阶，开展整体课堂教学实践研究，形成年度主题课程群。2013年清华附小正式提炼出“成志教育”，在《教育研究》杂志上发表阶段性成果。

3.完善、提高阶段（2013年6月—2015年10月）

完善理论与实践模式。创新儿童内生机制与师德养成机制，形成“过程数据+关键事件+榜样引领”评价系统，构建成志教育系统育人模式。2015年《人民教育》《人民日报》分别以专辑、专题推广其成果，清华附小召开“成志教育：立德树人的小学实践”现场会及国际研讨会。

4.验证、推广阶段（2015年11月至今）

优化模式，研发《清华大学附属小学办学行动纲领》《成志教育指南》等实操工具，建立清华附小互联网学校，在全国推广其成果。窦桂梅校长在联合国校长论坛、世界校长大会等国际会议上分享成果。“成志教育：小学立德树人的校本实践”“小学语文整体教学理论与实践体系研究”分别获北京市基础教育教学成果奖特等奖、一等奖。新华社内参及《中国教育体制改革简报》进行报道、新闻联播数次报道该成果的相关内容。

（二）方法

1.价值引领，以社会主义核心价值观为导向整体设计

从传统文化和时代精神中汲取营养，总结百年成志育人经验，把成志作为目标及方法，使其贯穿立德树人各环节。

2.系统思维，整合育人要素，全员、全过程、全方位育人

把系统构建作为成志教育思维方式，整合学科与活动、课内与课外、学校与家庭，确立学段进阶和课程实施路径，形成文化浸育、环境美育、家校共育三协同育人，联通物理空间、丰富学习方式、搭建虚拟空间，整体改造学习生态。

3.儿童立场，建立儿童内生机制

顺性因需，完善儿童自主学习、自我发展动力系统。儿童自觉认同成志价值，自创“水木秀场”等课程，自主管理，自我超越，让自己成为他人的榜样。

4.动态修正，形成集群共享的生态效应

深化实践并持续研发“纲领 + 指南 + 平台”等实操工具，形成校区协作、一体化联动、质量调研分析、资源共享的教育新生态。

三、成果的主要内容

清华附小以“成志”作为立德树人根本任务在小学落实的突破点，提出了成志教育理论，探索三条实施路径：确立学段三进阶、“1+X 课程”及主题课程群，创生儿童内生机制，构建“过程数据 + 关键事件 + 榜样引领”的评价系统，逐步形成了可复制、可推广的办学育人模式，为培养担当民族复兴大任的时代新人奠基。

（一）成志教育理论：内涵与基本特征、目标及儿童化表达

1.内涵梳理

人无志则不立，立志是站立的前提。立足培育和践行社会主义核心价值观，植根中华优秀传统文化沃土，依托清华大学及清华附小前身成志学校百年历史积淀和红色文化资源，面向儿童的未来发展，学校梳理出志的基本内涵：理想与抱负、意志与品质、实践与行动。同时强调“志”与社会衔接，把“有理想、有本领、有担当”作为育人使命。“成”是儿童实现“志”的过程，也指学校育人的全过程。学校遵循儿童身心发展规律，呵护兴趣、培养乐趣、激励志趣，促进儿童完整发展。成志，聚焦立德立志和树人成才，践行社会主义核心价值观，培养国家未来需要的时代新人。

成志教育，明确成志内涵，紧扣成志主线，传承文明、立足时代、面向未来，始终让“儿童站立在学校正中央”。尊重儿童的天资与性情，指向理想与抱负，砥砺意志与行动，使其“从小学习做人、从小学习立志、从小学习创造”。

2.四个基本特征

价值性，实现主题体认，在成志主题引领下实现从知识学习到价值体认；周期性，实现学习的可持续发展，通过关联性的学科学习与主题实践，形成长周期循环的长效机制；挑战性，实现深度获得，以具有挑战性的任务激发兴趣，推动自主、合作与创新性学习；融合性，实现完整发展，推动课内外一体，整合育人要素，发挥系统育人效应。

3.目标确立与儿童化表达

将立德树人的根本任务落细、落小、落实，明确“有理想、有本领、有担当”的成志教育使命，细化成志教育的素养目标，具化为“十个一”目标；形成《成志少年说》《成志少年养成三字口诀歌》《我爱运动——清华附小运动之歌》等可视化、可操作的适合儿童话语的表达。成志教育目标如图 1–1 所示。

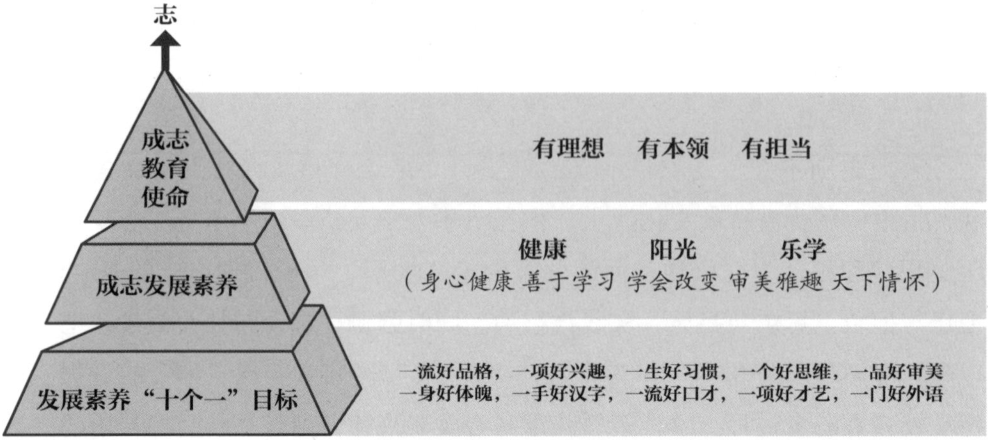

图 1-1　成志教育目标

成志少年说

故今日之责任，不在他人，而在少年；少年之使命，不在旁处，而在成志！少年志则国志，少年富则国富，少年强则国强，少年独立则国独立，少年自由则国自由，少年进步则国进步！少年自强不息，则国挺起民族脊梁；少年厚德载物，则国雄于世界之林。

红日初升，其道大光；河出伏流，一泻汪洋。理想抱负，慨当以慷；意志品质，素养飞扬；实践行动，责任担当。身心健康，气势昭彰；善于学习，华章书香；学会改变，青云激昂；审美雅趣，华芳振邦；天下情怀，聪慧高尚。

天戴其苍，地履其黄，纵有千古，横有八荒，前途似海，来日方长。美哉我中国成志少年，与天不老；壮哉我中国成志少年，与国无疆！

（二）成志教育路径：学段三进阶、“1+X课程”及主题课程群

学校坚持以学成志，以志促成，确立了成志教育的三条实施路径：学段三进阶，顺应儿童天性和学段特点，阶梯递进，节点跃升；“1+X 课程”挖掘国家教材中的学科与活动育人要素，在课堂主渠道优质落实；主题课程群重在探索一种面向未来的激发儿童内在潜质、自觉超越的课程形态。

1.纵向贯通，构筑符合儿童身心规律的“启程—知行—修远”学段三进阶

按照儿童生命成长周期，将小学六年学习期按两年一个阶段，分为低（启程）、中（知行）、高（修远）三个学段，形成《成志学段三进阶方案》《成志学段进阶实用手册》，实现循序渐进、螺旋上升、完整发展。学段三进阶如表1-1所示。

启程学段，呵护兴趣。根据儿童处于不稳定活跃期、兴趣多样等特点，尊重天资与性情，适性扬才。以多方位的兴趣培养启动儿童的学习与成长内驱力，注重言行得体和协商互让品格的养成，强调基础牢。用“我是一名少先队员”作为目标，通过一年级入学“红色梦想启蒙”、六一入队和二年级持续进阶，完成启程学段仪式。

知行学段，培养乐趣。针对儿童生理差异优势渐平、能力差异渐显、身心处于U形底部发展期等特点，强化知行合一。丰富学习方式，加强实践体验，强调腰杆硬。用“十岁的天空”作为目标，通过课堂小组化学习，帮助儿童认识自我与集体的基本关系；通过培养儿童的自律自强与诚实守信等品质，帮助儿童完成知行学段进阶，实现同伴互育。

修远学段，激励志趣。基于学生身心处于第二个高速发展期的特点，培育学生的理想与抱负。以多元化学习、小课题项目研究等方式，激励学生的学习志趣，实现高起点的精神追求。侧重学生勇于担当、尊重感恩品格的养成，增强其担当民族复兴大任的责任感。通过“6年成长毕业报告仪式”，推动学生带着成志愿望，朝着未来继续出发。

表1-1 “启程—知行—修远”学段三进阶

学段进阶目标

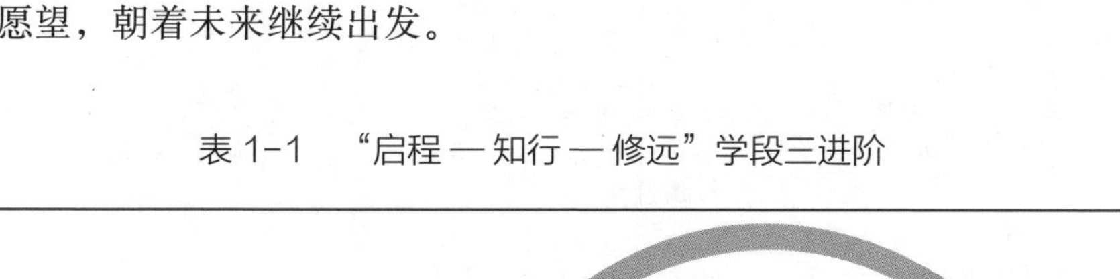

（续表）

学段关键要素	**低学段** 1. 关注兴趣开启阶段，注重体验与活动，呵护兴趣； 2. 伙伴学习，学业基础牢； 3. 养成言行得体、协商互让等品格。 **中学段** 1. 关注U形底部特点，砥砺意志，知行合一； 2. 团伴学习，学业腰杆硬； 3. 养成诚实守信、自律自强等品格。 **高学段** 1. 关注第二发展期，培育理想与抱负，修远影响一生； 2. 多元学习，学业起点高； 3. 养成勇于担当、尊重感恩等品格。
文化环境空间改造	**启程** → **知行** → **修远** **启程** • 主体建筑：启程楼＋桐荫乐园； • 主色调：红色，中国灵魂浸润； • 标志物：成志少年誓词墙； • 特色：营造幼小衔接微空间。 **知行** • 主体建筑：知行楼＋鸣鼓论道后花园； • 主色调：蓝色，国际视野滋养； • 标志物：成志榜样展示墙； • 特色：建立小组化学习组群。 **修远** • 主体建筑：修远楼＋历史星空校史馆； • 主色调：紫色，天下情怀熏陶； • 标志物：《成志少年说》文化墙； • 特色：学生自主创造成长平台。
实践举例	**启程：低学段** 目标：以入队为载体，传承革命传统，用理想信念教育促进学生养成良好的学习和生活习惯，打牢学业基础。 实施：“我的入队”180天准备、“大手拉小手入队”仪式、清华园红色线路研学、成志榜样少先队员画展。 效果：从兴趣出发，夯实学习基础，从习惯养成细节提升了学生对言行得体的理解，增强了成志少年的使命感。 **知行：中学段** 目标：以“十岁的天空”为载体，强调学业质量。培养诚实守信、自律自强的品格，在具有挑战性的过程中砥砺意志与品质，培养学生的乐趣，做到腰杆硬。 实施：“我十岁”一年准备、十岁生日仪式、“我的21天好习惯”、走进红色革命圣地。 效果：学生改变了学习方式，提升了合作意识，养成良好的生活习惯，做到知行合一。 **修远：高学段** 目标：以毕业课程为载体，为青春启航助力，提升学业质量，打下意志与品质的坚实底子。 实施：“我的六年成长秀”、毕业典礼仪式、“毕业留给母校的七节课”、走进首都经济圈研学、毕业嘉年华。 效果：提高了学生的自主学习能力，增强了学生勇于担当的意识，推动了学生将个人理想与民族复兴相统一，增强了成志少年的责任感。 **走向中学与未来** 面向未来，培养担当民族复兴大任的时代新人。

学段三进阶，以成志为价值引领，通过融合学科、打通空间、实施段长负责制等举措，整合育人要素，实现生命成长周期性递进。

2.横向联动，构建“1+X课程”，重视学科和活动育人

“1”是优质落实的国家基础课程；“X”是由“1”创生的儿童个性课程（含学校个性课程、学段个性课程、学生个性课程）；“＋”指两者的互动结构。“1+X 课程”增强了学科内知识的有机联系，使学科与生活、科技联通，既充分发挥了各学科育人的独特价值，又达到了合力育人的效果。

（1）学科育人的主题单元整体教学，触发儿童成志的四个动力系统（如图 1–2）。

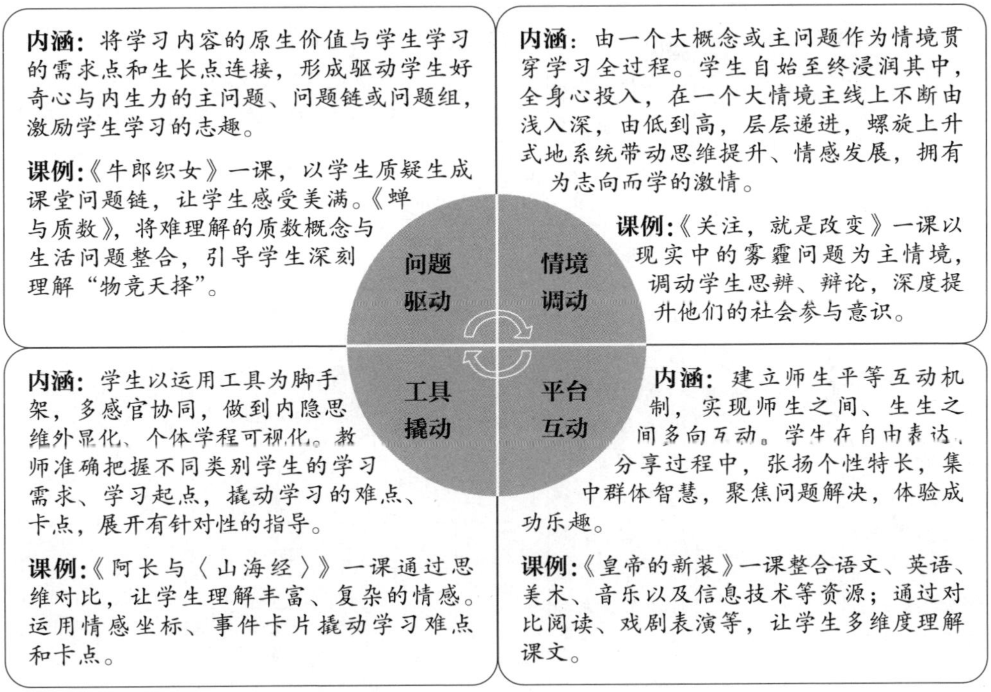

图 1–2 “四推动”课堂动力系统

以主题为统领，重组单元教学内容，充分挖掘学科的育人功能，开发与学科配套的《质量目标指南》《乐学手册》。首先，挖掘单元内含的精神价值；其次，围绕主题对单元内容进行结构重组；最后，有机整合课程资源，实现对单元内在精神价值的深度体认，即实现以学生为中心的“四推动”课堂动力

系统的有效配合。

例如，体育以锻造学生的意志与品质为核心，激发个性化的体育兴趣，夯实技能，锻炼体魄和磨炼毅力。数学以信息类、图表类和操作类等工具撬动学生深度思辨。“四推动”课堂动力系统彼此相关、互相触发，共同促进学科育人的深度发生。“四推动”课堂动力系统应用举例如表 1–2 所示。

表 1–2 “四推动”课堂动力系统应用举例

北师大版数学五年级下册《复式折线统计图》“四动”学习应用举例			
问题驱动	情境调动	工具撬动	平台互动
学生猜测： 1. 山猫和雪足兔的数量变化会是什么关系？ 2. 天敌的数量关系变化会有什么规律？ **教师引导：** 如果它们的变化有规律，你打算怎么研究？ **师生聚焦：** 从统计的角度，怎样去收集数据并分析两者之间的数量变化关系？	1. 百年山猫和雪足兔数据收集。 2. 山猫和雪足兔原始数据整理。 3. 两种动物数据的合理描述。 4. 两种动物数据的多层分析。 5. 两种动物关系的推断。	**工具：** “时间尺”。 **描述：** 竖条格，每年1格，每5年1大格。 **运用：** 不仅能突破读取数据之间的联系，超越数据本身的信息难点，撬动学生关注联系、发现周期等，而且能超越数据，读出趋势，对两者进行因果关系分析，做出推断与决策等。	**平台：**3C 创新实践活动、小组合作研究与答辩、教室小课题研究报告互评区 小课题 1：两种共享单车比较研究 小课题 2：学校最美建筑研究 小课题 3：北京地铁空间 PM2.5 及 PM10 的调查研究 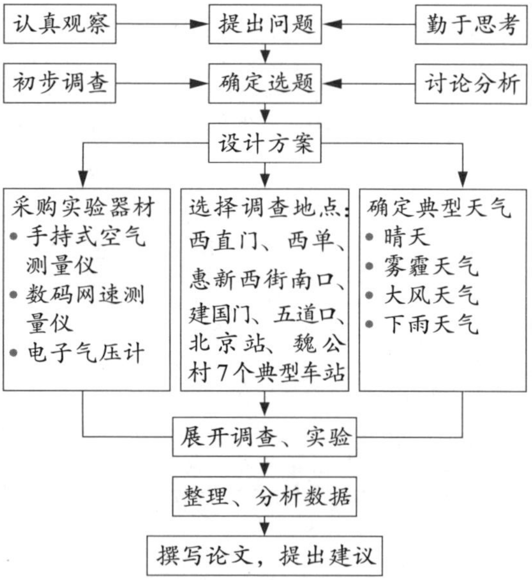

（2）活动涵育的四种实践类型。融通学习和实践，深化育人效果。开发系列配套的《成志少年实践活动实施纲要》《成志少年实践活动目标指南》和《主题实践活动课程手册》。用儿童喜闻乐见、生动活泼的形式，按照学段特点，实施主题实践活动。

文化考察。学校层面围绕百年校史、清华风物和成志榜样展开；社区层面开展以“知国史，育志向”为主题的清华园、圆明园、颐和园三园实践体验；对外研学层面开展以“寻红色记忆，探改革之路”等为主题的研学探究，以增强学生的文化自信，使其感悟革命精神，树立远大志向。

公益服务。以奉献爱心为主，用捐助等形式初步体验助人为乐、勇于担当；以社区服务为主，采取手拉手等形式将善心转化为善行；以关注社会为主，用小课题研究等形式尝试解决现实问题。

创意创新。通过“模型搭建”“中华传统游戏”等激发儿童创造的兴趣；通过“振宁童创头脑风暴”“振宁实践坊”等培养学生解决问题的能力；通过“创客微论坛”“智能编程秀”等增强学生社会参与的责任意识。

情境体验。分为仪式情境体验和生涯情境体验两大类。仪式情境体验主要有传统节日吟诵、开学第一课等；生涯情境体验主要是通过课本剧、校园剧、校史剧，让学生体会各种角色，感受剧中人物的伟大人格。

3.横纵联合，组建以经典阅读与成志人物为轴线的主题课程群

学校坚持以年度或学期为周期，以经典阅读和成志人物为轴心，横向打通学科壁垒，形成学科内整合、学科间整合、消弭学科整合三条路径，让儿童学习有多种选择；纵向打通学段，形成衔接，使儿童在成志过程中逐步攀升；通过纵横联合的主题课程群，让儿童获得持续的、立体化的深度学习。以学校 12 年来的实践为例，如图 1–3。

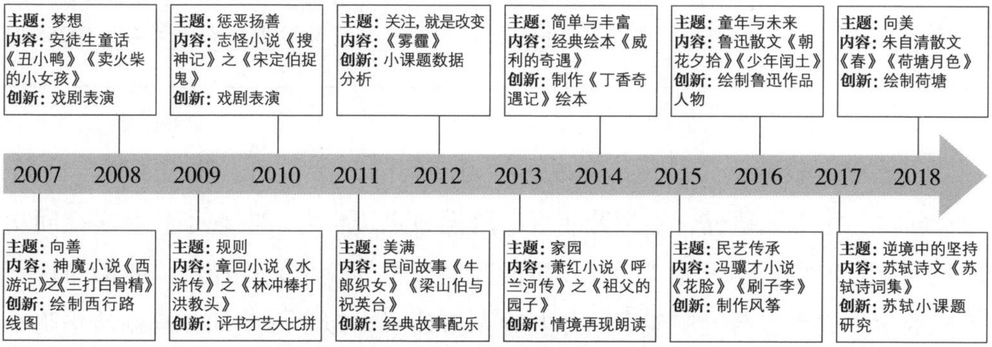

图 1-3　主题课程群发展历程

例如，2017 年以“逆境中的坚持”为主题，以苏轼经典作品为轴线，由学科内学段进阶深度打底，各学段跨学科整合，形成持续的、链条式的学习（如表 1–3）。

表 1–3　苏轼主题课程群框架

<table>
<tr><th>进阶</th><th colspan="3">学科课程</th><th>活动课程</th><th>儿童个性课程</th><th>举例</th></tr>
<tr><td>低学段</td><td rowspan="3">三分钟演讲、晨读吟诵</td><td>苏轼成语</td><td>美术：
成语绘画
道德与法治：
吃饭有讲究</td><td>成语嘉年华</td><td rowspan="3">苏轼养生、美食烹饪、团扇创作、小课题研究、苏轼人文画、诗词创作、苏轼书法
……</td><td rowspan="3">以小课题“苏轼的漫漫人生路”为例。
课题成员：
王玉涵、刘家诚、詹蕙宁、郑可瑞、刘汉唐
研究意图：
用大数据直观呈现苏轼一生的坎坷。
课题内容：
1. 梳理苏轼一生去过的地方。（黄州、惠州和儋州等 14 个地方）
2. 根据当时的地图，计算苏轼至少走了 16602 千米，花费约 3319 个小时。
3. 结合生活实例，进行数据对比：
相当于跑了 395 个马拉松；
相当于在一个 400 米的操场上跑了 41505 圈；
相当于走了一个红军长征的距离后又在操场上跑了 10255 圈
……</td></tr>
<tr><td>中学段</td><td>《题西林壁》</td><td>体育：
障碍接力
音乐：
《念奴娇 · 赤壁怀古》
《水调歌头 · 明月几时有》</td><td>诗词大会</td></tr>
<tr><td>高学段</td><td>苏轼组诗、《戴嵩画牛》、苏轼之交</td><td>英语：
Sushi
美术：
苏轼的样子</td><td>戏剧、走进博物馆</td></tr>
</table>

上述成志教育实施路径，完成了学习空间的三个改造。联通了物理空间：项目学习、小课题研究，学生跨年级、跨学科走班学习，实现了教与学空间功能最大化；丰富了学习方式：开设学段互助课程等，把兴趣相同、年龄与性别不同的学生编班组合，实现了同伴互育；搭建了虚拟学习空间：自创清华附小互联网学校、智慧主题阅读平台、爱学堂精品课程平台等，提供了个性化学习

服务，以儿童的需求为导向，优化了学校的资源配置。

（三）成志教育机制：儿童内生机制与教师激励机制

1.建立儿童内生机制

（1）儿童自觉强化仪式教育。每天举行升旗仪式，学生自觉肃立敬礼；学生每天自觉践行“微笑、感谢、赞美”；在开学典礼上，集体宣誓并学习老红军、知名校友、奥运冠军等成志榜样……

（2）儿童自选、自创课程。引导儿童自创“水木秀场”才艺展示课程，“水木秀场”连续举办 275 期；儿童自愿参加校园吉尼斯体育项目，累计 4000 多人次参与；形成 60 多门自选课程，激发学生的兴趣，实现学生自主发展。2017 — 2018 学年度各年级体育自选情况如表 1–4 所示。

表 1-4　2017 — 2018 学年度各年级体育自选情况统计

项目＼年级	一年级	二年级	三年级	四年级	五年级	六年级
足球	78 人	115 人	96 人	98 人	76 人	92 人
篮球	63 人	74 人	95 人	86 人	72 人	86 人
棒球	23 人	21 人	18 人	19 人	12 人	14 人
板球	12 人	15 人	34 人	19 人	32 人	23 人
健美操	94 人	56 人	45 人	24 人	16 人	14 人
轮滑	35 人	31 人	25 人	26 人	24 人	17 人
田径	27 人	32 人	36 人	36 人	45 人	18 人
武术	14 人	15 人	24 人	25 人	11 人	13 人
滑冰	25 人	25 人	25 人	25 人	25 人	25 人

（3）儿童自主管理学校项目活动。在学校提案履责、志愿服务、平台分享等方面，学生积极参与，为学校发展建言献策。儿童参与学校项目建设机制如表 1–5 所示。

表 1-5　儿童参与学校项目建设机制

类型	独特性	方式	重要实践举例
提案履责	儿童参与的方式，分为三个梯度： • 事先通知，责任分配式参与。 • 成年人发起，与儿童共同决策式参与。 • 儿童发起，并以主人身份邀请成年人共同决策式参与。	• 少代会上交提案，参与学校管理。 • 大队委与校长面对面，对学校教育教学活动给予反馈和建言。 • 设立金点子信箱，收集学生日常的建议。	• 参与学校《清华大学附属小学办学行动纲领》的修订，对“健康、阳光、乐学”培养目标提出建议。 • 提出上午加餐方案，形成加餐制度。 • 参与学校百年校庆 Logo、吉祥物设计，编写《成志少年养成三字口诀歌》。
志愿服务		• 修远学段，勇于加入志愿岗。 • 知行学段，进行校园小导游志愿服务。 • 启程学段，设立班级志愿服务流动岗。	• 每天早晨 7:15—7:40，在学校门口值周，发挥引领、示范作用，促进全校学生形成良好的行为习惯。 • 校庆日老校友返校时，学生进行讲解与引导。 • 设置班级值日班长、“光盘”监督员、晨诵志愿服务岗。
平台分享		• 水木童心电视台 • 水木童心广播站 • 水木童心校刊 • 互联网平台等	• 以入队为契机，每年由六年级老队员给新队员讲解队史、校史，进行入队前教育。 • 水木童心校刊累计出版 30 期，145 人次参与编辑设计，收录 1568 篇稿件。 • 水木童心广播站，每周四中午由学生广播，已累计广播 80 次，400 人次参加。 • 水木童心电视台，学生参与投稿、主持、编辑累计 2000 人次。

（4）儿童参与学校的“三协同共育机制”。清华附小形成了文化浸育、环境美育、家校共育三协同共育机制。学生参与文化浸育，参与编制《清华大学附属小学办学行动纲领》，组织“马约翰体育节”“成志榜样经典阅读月”等系列活动。参与环境美育，参与成志博物馆建设，参与命名学校 7 个主体建筑、20 余处校园景观。参与家校共育，积极参加家校学习共同体、家校沟通日等活动，参与评选“十大成志好家风”，传播榜样家庭故事，实现家校共育。

2.建立教师激励机制

引导教师成为“四有”好教师，造就一支党和人民满意的高素质、专业化、创新型成志教师队伍。

实行价值领导。强化使命责任，激励教师成志，实现从价值认同到价值践行的跃升。把“选择了教育，就选择了一生的责任”“把学生的成长当作最高荣誉”“把成志育人责任当作最崇高的师德”等作为教师的内在追求。同时，教师主动向社区和家长传播成志价值观，让更多的人成为成志教育的“一致行动人”。

推动师德养成。编制《清华大学附属小学办学行动纲领》，通过学期“卓越教师”“年度成志榜样教师”“每月一星”等激励措施，号召教师率先践行社会主义核心价值观，以价值引领、内心自觉的方式推动师德养成，让教师成为学生的榜样。

突出未来导向。关注大数据时代、人工智能时代对教师提出的新要求，跟踪儿童认知研究的新发现，制定、完善《成志教师手册》，形成教师育人实践的价值指南，通过“项目管理”“影子校长”“青年共同体”“金点子奖”等，促进教师专业水平和创新能力的提升。

（四）成志教育评价：过程数据+关键事件+榜样引领

建立一套客观、全面、系统的评价机制。德智贯通，将学生完整发展纳入科学化、规范化的评价轨道，形成立体式评价体系，既有基于学业标准的阶段性量化评价，也有学生对成长中的重要经历的自主质性描述，还有让自己成为他人榜样的激励性评价（见表 1–6）。

1.跟踪个体成长的过程数据分析

建立品格养成、学业发展、体质健康的个性化数据分析系统。将各评价系统的数据进行关联分析、诊断，为每个学生提供个性化发展报告，促进学生全面发展。

2.学生自主记录成长中的关键事件

学生采用简洁的语言、具有代表性的图片和影像等，从课堂学习、行为习惯和主题活动等方面，对自己的关键事件进行记录和评价，形成电子档案，定期反馈展示，主动勾勒成长图谱，实现自我发现与超越。

3.成志榜样引领

通过自身成长记录APP、“我是成志荣誉升旗手”“十大成志卓越学生”“百名成志榜样学生”“千名专项之星”（简称“十百千”）评选等，引导学生在经典阅读中对标榜样，在现实生活中寻找榜样，激励自我成长。

表1-6　自我激励评价表

	评价特色	评价载体	评价方式	反馈形式	价值体现
成志导向的自我激励评价	过程数据	体质健康监测与分析系统	实时跟踪监测与给出锻炼建议	体质健康发展报告	自我监控 目标规划 促进坚持
		学业质量监测与分析系统	阶段性数据分析与发展建议，纵向跟踪的数据分析及发展建议	学习水平分析报告	正确认识自我学习状况，依据诊断自主改进方法，根据建议进行学习规划。
		阶段性发展问卷调查	7项问卷他评与自评数据分析及发展建议	阶段性成长报告	全面了解各方面成长状况，对标阶段性目标，修正成志目标，自主细化成长计划。
	关键事件	成长记录APP	自主记录 观摩互评 教师激励	平台展示、成志护照、综合素质评价手册	每日暮省，每周自主整理，亮出自我，学习他人，互促互进。
	榜样引领	“成志目标小达人”“我是成志荣誉升旗手”“十百千”成志榜样学生评选……	自评 互评 家长参评 教师参评	平台展示 事迹宣传 对标进阶	目标激励，自我推荐，阶段对照，展示风采。

四、效果与反思

（一）成志少年意志力强，富有责任担当，获得了可持续发展的内在动力

姜月琦在中国国家图书馆公益服务6年；赵云琦发明并捐赠孤独症儿童辅助教育机器人；坚毅足球少年李源峰、姜梓跃等受习近平总书记接见……

53名少年科学院荣誉“小院士”在全国科普日活动中受到党和国家领导人接见。60人成为2022年北京冬季奥运会冰球少年形象大使，多名学生获得国际科技创新与艺术大赛金奖……

中国基础教育质量监测协同创新中心等3家机构联合发布的《2011级成志少年6年成长报告》显示，学生的素养发展集中表现在以下五个方面。

1.体魄健康，勇于拼搏，善于合作，意志力强

北京市海淀区区级监测数据显示，清华附小的女孩、男孩身高分别高于2017年区均值2.24厘米、1.68厘米。与4年前相比，2011级学生体质测试优秀率为38.4%（提高了15个百分点），达标率为99.4%（提高了3个百分点），肥胖率为12.6%（下降了26个百分点）。第二方问卷调查显示，学生高度认同“每天一节体育课，每天一个体育大课间，每人一个体育自选项目”，对体育发展归因在兴趣发展、锻炼习惯、积极情绪、课程门类方面的认同比例6年来逐步上升（见图1–4）。

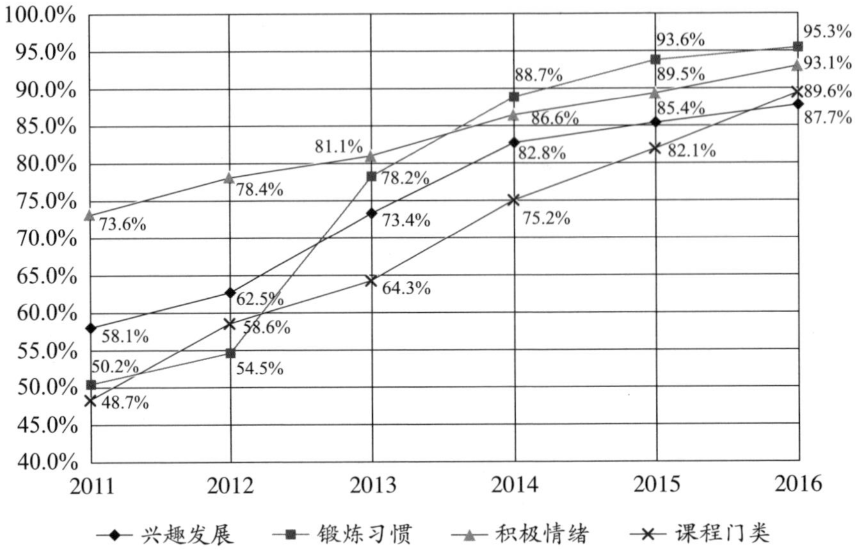

图 1-4　2011 级学生体育发展原因问卷调查统计图

2.心态积极阳光，能够迎难而上，思维和视野开阔

清华大学心理学系的调查显示，清华附小的学生在全面幸福、积极情绪方面显著高于常模，消极情绪明显低于常模；外部动机和内部动机均显著高于常模。本校学生 6 年的纵向比较显示，各个维度均有显著提高，这与成志进阶课程和活动高度相关（见图 1–5）。

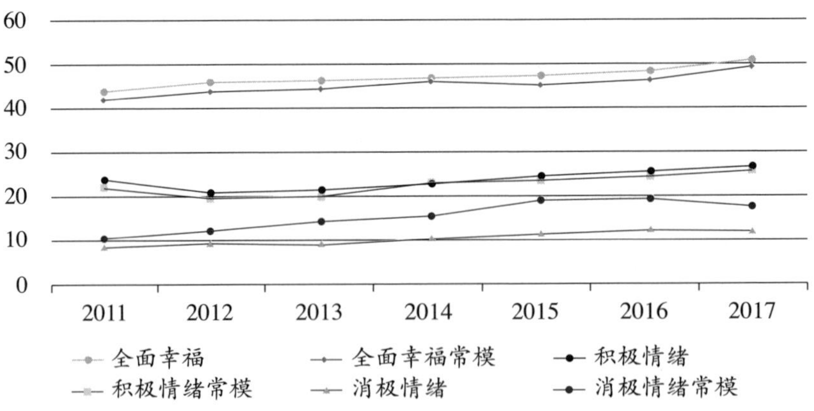

图 1-5　2011 级学生积极心理变化统计图

3.学业品质卓越，拥有关键能力和乐学表现

在北京市海淀区 2017 年区级学业发展水平及非智力因素监测中，清华附小学生的学业质量及非学业品质各项指标得分率全部显著高于区级常模，高出的百分点呈增长趋势。2011 级学生语文、英语、数学学业水平对比统计情况如图 1–6 所示。

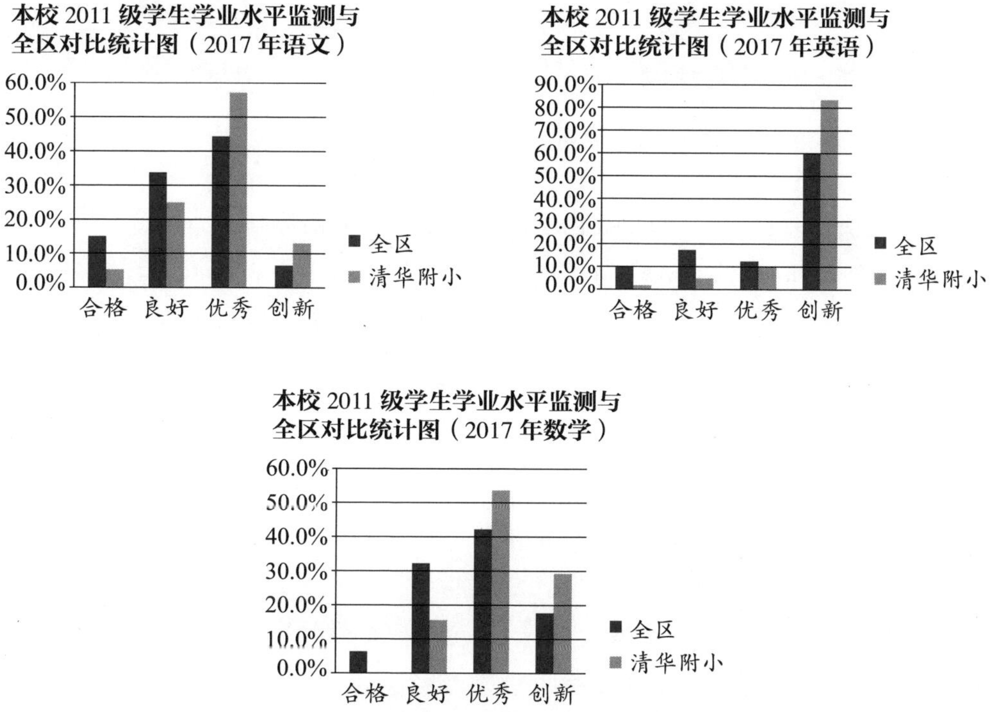

图 1-6　2011 级学生语文、英语、数学学业水平对比统计图

4.有长周期形成的优良习惯，能够对抗惰性，持续成长

清华附小每学期开展 21 — 100 天成志目标挑战计划。2017 — 2018 学年度第二学期，2083 名学生共提出 2012 项个人成志目标，其中，生活习惯占 12%，阅读习惯占 15%，运动习惯占 26%，学习习惯占 47%（见图 1–7），能坚持 21 天的学生达到 95% 以上。

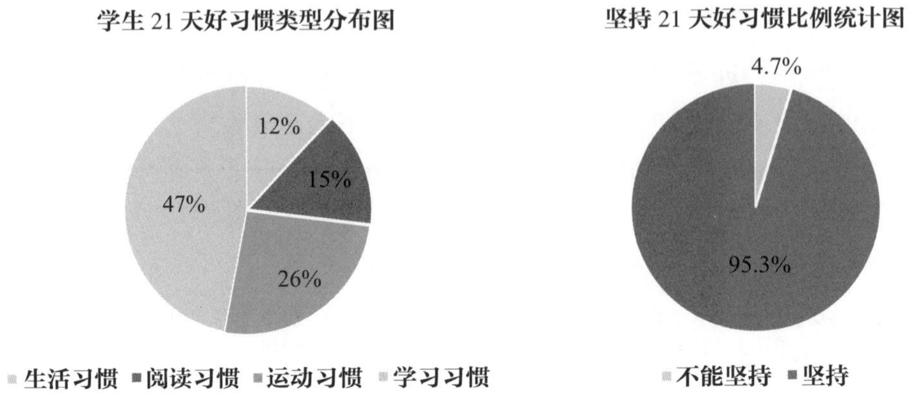

图 1-7　成志好习惯分布情况统计图

5.有优秀传统文化烙印与红色基因，科技与公益情怀高远

何秀华老师所带六年级（4）班完成了“发现每一个孩子，寻找同一类孩子，铸造教育生态系统”三步骤的班级育人实践，有效传承了传统文化，给学生注入了红色基因，培育了学生的责任意识。六年中学生学习经典诗文超过500 篇，观看红色电影 15 部，赴 8 处革命圣地研学。

（二）教师敬业、博爱、儒雅，成为学生的审美榜样

清华附小诞生了“当代教育名家”“全国模范教师”“全国师德标兵”“全国十佳教师”等成志榜样教师，如见义勇为的赵辉、支援西藏的韩冬等。青年教师有信仰、有追求，离职率低，职业成就感、自豪感、尊严感强。教师在《教育研究》等核心期刊上发表论文 115 篇，引用总量为 176 次，下载总量达43010 次，出版专著 32 本。近 5 年的调查表明，学生及家长对教师的满意度逐年上升，总占比由 2013 年的 93.2% 上升到 2017 年的 99.5%。

（三）形成成志教育集群，获得国内外广泛认可

公益扶贫遍布全国。清华附小自觉履行社会责任，在北京承办 5 处差异巨大的实体校，在全国有 20 余个协作校和实验基地。利用互联网学校的“空中

课堂”扶贫已十余年，每周有 5 节示范课在五百多个贫困县的 3800 个远程教学站直播，并从扶贫走向扶志，带动儿童自觉参与公益活动。

向世界传播基础教育的中国方案。近年学校先后召开 7 次国内现场会，覆盖 34 个省级行政区，一万余人次参加。成志教育的阶段性成果受到国际教育界的关注，窦桂梅校长受邀在联合国、芬兰世界校长大会，以及世界积极心理学大会等会议上分享改革经验。

（四）成志教育具有可复制性和可推广性，提供了立德树人的实践样本

清华附小形成了基础教育立德树人的“纲领 + 指南 + 平台”等实操工具，包括《成志教育规划纲要（2015—2035）》等顶层设计规划方案、学科《质量目标指南》等具体实施的指导方法路径以及互联网数字化信息资源平台。成志教育成果如表 1–7 所示。

表 1–7　成志教育成果表

理论构建	规划纲领	1.《成志教育“十三五”发展规划》2.《成志教育规划纲要（2015—2035）》3.《清华大学附属小学办学行动纲领》4.《成志教育》5.《从成志学校到成志教育》6.《成志教育发展白皮书》	
	目标	1.《成志少年说》2.《成志少年养成二字口诀歌》3.《我爱运动——清华附小运动之歌》	
实践体系	实施	“1+X 课程”	1. 学科《课程实施纲要》2. 学科《质量目标指南》3. 学科《乐学手册》4.《主题月实践活动手册》5.《写字手册》6.《影响一生的主题阅读》7.《成志吟诵读本》8. 互联网学校、中文主题慧读平台、空中课堂等。
		学段三进阶	1.《成志教育进阶纲要》2.《启程—知行—修远课程手册》3.《启程—知行—修远成长护照》
		主题课程群	1.《主题课程群实施方案》2. 主题课程群资源包、电子资源库
	儿童内生机制	儿童创生课程	1.《水木童心》校刊 2.《学生自选课程操作指南》3. 致我们的水木秀场成志少年 4. 丁香娃娃奇遇记
		儿童参与管理	《成志少年手册》
		三协同共育	《家校共育手册》

（续表）

实践体系	自我激励评价	过程数据	1.《学习水平发展报告》2.《体质健康发展报告》3.《积极心理报告》4.《品格发展报告》5.《6年成长报告书》
		关键事件	1.《成志养成APP操作指南》2.手写校长奖
		榜样引领	1.《致我们的成志榜样学生》2.《“十百千”成志榜样学生故事》

多家权威媒体系列报道。中华人民共和国教育部官方网站转载清华附小的成果达31条。中央电视台新闻联播5次报道清华附小社会主义核心价值观教育成果（其中连续3年报道清华附小立德树人的“开学第一课”）；《人民日报》《光明日报》《中国教育报》等多次报道推广我校的做法；《人民教育》2次就清华附小成志教育推出专辑。窦桂梅校长及其团队获得多项国家级荣誉称号，并多次受党和国家领导人接见。

国内外专家高度赞誉。顾明远认为：“成志教育是小学阶段践行立德树人要求的可贵探索，是学校办学文化的百年传承，是中国小学教育发展史上的实践创新和办学思想创新。”国际课程专家威廉·派纳（Willian Pinar）称：“这是一所让儿童找到归属感的学校，充分体现学生权利的学校。”日本学者佐藤学（Manabu Sato）评价：“这是我目前所见到的非常具备学习力的中国学校。”

学校未来将在以下方面继续努力：对育人效果进行持续跟踪，累积过程数据，促进育人实践纵深发展；将经验进一步深化提炼，构建更为完善的理论与实践一体化育人模式；推广经验，扩大辐射，促进立德树人根本任务落地。

成志教育，照耀一生。面向新时代，在立德树人中，成就儿童为人之志、教师育人之志、学校教育之志，实现价值观塑造、课程改革、公益服务的三个引领。清华附小将持续以培养能担当民族复兴大任的时代新人为使命，扎根中国大地，完善具有中国灵魂、自主创新的基础教育立德树人基本范式，努力探索世界基础教育的中国方案。

第二章

成志教育路径：
“启程 — 知行 — 修远”学段三进阶

“启程 — 知行 — 修远”学段三进阶是成志教育基于实践的教育创新。

学段三进阶基于学生身心发展的大视角，纵向联结低、中、高三个学段的各种教育教学活动，构建有形、清晰的成志台阶。台阶既是路径又是目标。

每个学段都指向成志，即引导学生树立远大目标，磨炼个人意志与品质，激发其强烈的实现愿望和行动能力，为学生成志不断准备。

一、学段三进阶是教育进阶的新探索

成志教育在儿童“承志、立志、弘志”的过程中，通过一系列教育教学活动，让儿童的必备品格和关键能力与儿童身心发展规律、生命成长需要相契合。清华附小以启程课程、知行课程、修远课程为主渠道，辅以仪式活动以及空间环境，尊重儿童天资与性情、聚焦意志与品质、指向理想与抱负，形成呵护兴趣、培养乐趣、激励志趣的成志教育纵向三进阶的育人路径。

在儿童六年纵向进阶中，学校通过成志价值塑造，在充分尊重儿童个性的基础上，扣好儿童价值观教育的第一枚纽扣，让其树立与祖国、民族命运休戚与共的远大理想和抱负，成为能担当民族复兴大任的时代新人。

（一）学段三进阶的实践基础

学生的认知思维发展过程具有“进阶”的特点。对这种进阶过程的清晰描述将有利于把握学生认知的关键问题，从而促进学生的认知构建及教学实践活动的有效开展。

完整的学习进阶研究包括以下步骤。第一，选择大概念并给予解释；第二，构建基于学习者视角的、内涵清晰的成志台阶；第三，确定用以区分学生水平层级的测量工具；第四，确定用以促进学生进阶的教学元素，如典型的教学现象、教学任务等。学习进阶有重要的实践价值，能促进学生的认知发展，有利于课标和教材的连贯一致设计等。清华附小对其本质问题及实践价值进行分析，并提出教学实践策略。

（二）学段三进阶的内涵

按照儿童生命成长周期，清华附小将小学六年学习期按两年一个阶段，分为低（启程）、中（知行）、高（修远）三个学段，形成《成志学段三进阶方案》《成志学段进阶实用手册》，实现循序渐进、螺旋上升、完整发展（见图2–1）。

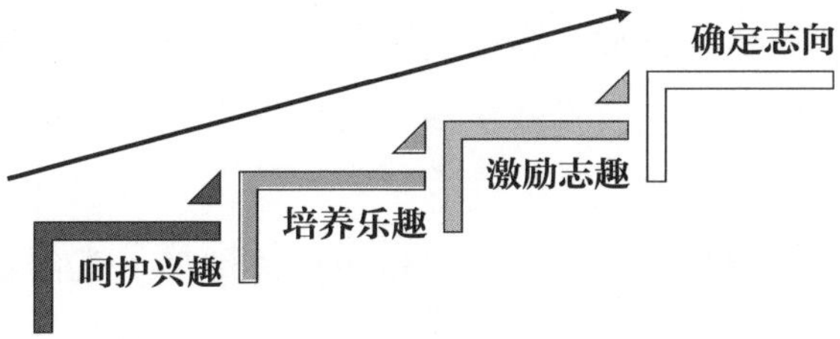

图 2–1　学段三进阶的价值导向

启程学段，呵护兴趣。根据儿童处于不稳定活跃期、兴趣多样等特点，尊重天资与性情，适性扬才。清华附小以多方位的兴趣培养激发儿童的学习与成长内驱力，注重言行得体和协商互让品格的养成，强调基础牢。采用整合包班、全员育人的办法，以“我是一名少先队员”为目标，通过一年级入学“红色梦想启蒙”、六一入队和二年级持续进阶，完成启程学段仪式。

知行学段，培养乐趣。针对儿童生理差异优势渐平、能力差异渐显、身心处于U形底部发展期等特点，清华附小丰富学习方式，加强实践体验，强调腰杆硬。学校以“十岁的天空”为目标，通过课堂小组化学习，帮助儿童认识自我与集体的基本关系；通过培养儿童的自律自强与诚实守信等品质，帮助儿童完成知行学段进阶，实现同伴互育。

修远学段，激励志趣。基于学生身心处于第二个高速发展期的特点，清华附小在修远学段培育学生的理想与抱负。以多元化学习、小课题项目研究等方式，激励学生的学习志趣，实现高起点的精神追求。该学段侧重学生勇于担当、尊重感恩品格的养成，增强其担当民族复兴大任的责任感。通过“6年成长毕业报告仪式”，推动学生带着成志愿望，朝着未来继续出发。

学段三进阶，以成志为价值引领，通过融合学科、打通空间、实施段长负责制等举措，整合育人要素，实现生命成长周期性递进。

（三）学段三进阶的意义：从教学进阶到教育进阶的跨越

教育由一项项教学活动组成，教学活动的进阶必然导致教育的进阶。在小学阶段，清华附小基于儿童六年完整教育周期以及儿童身心发展的规律，以成志教育的价值引领为核心，形成纵向三进阶。三进阶指向学生一生成志的远大目标，形成目标连贯一致，教育教学活动功能聚合，围绕成志目标不断螺旋攀升的进阶过程。

按照教育的基本规律，学生的学习过程是连续的、从简单到复杂的发展过程，它会受到课程、学习方式等因素的影响。对这个过程进行研究将有利于学生从一个刚入门的“新手”成为具有实践经验的“专家”。学校通过构建进阶目标，描述学生在知识学习和实践活动中连续地、更加熟练地发展的框架，从而让教学进阶走向教育进阶。

清华附小在构建与实践“1+X 课程”体系、进行立德树人校本化实践的过程中，着眼于“为聪慧与高尚的人生奠基”的成志教育使命和小学阶段“健康、阳光、乐学”的培养目标，在横向贯通的基础上，逐渐形成了纵向的教育三进阶。清华附小的所有学习活动都围绕学生成志这一大目标展开，实现了从原来的教学进阶到以学生成志为核心的教育进阶的跨越。

成志教育的学段三进阶基于学生身心发展的大视角，把一个阶段每堂课的教学、日常的主题教育活动以及养成教育整合起来，纵向联结各种教育教学活动，构建有形、清晰的成志台阶，通过实现阶段性小目标，一步一步实现儿童成志大目标。

二、学段三进阶的主渠道

围绕各个阶段的育人目标，清华附小从学生的身心发展规律、认知特点等出发，形成了“启程 — 知行 — 修远”纵向进阶的课程主渠道（见图 2–2）。

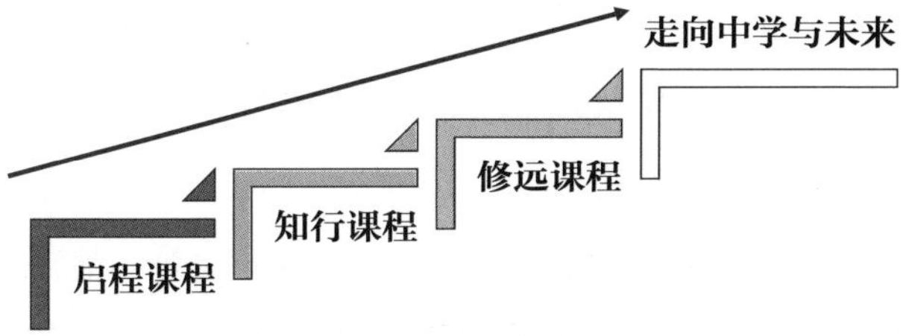

图 2-2　学段三进阶的主渠道

（一）启程课程，呵护兴趣——尊重天资与性情

启程阶段是小学教育的初始。教师应尊重学生的天资与性情，呵护学生的兴趣，让学生迅速适应小学阶段的学习生活。作为三进阶的前端，启程阶段至关重要，既要让学生走对小学的第一步，又要实现整体进阶的基础牢固。因此，一方面，需要学校和班级为儿童成长提供过渡的环境，另一方面，需要教师快速地了解儿童的背景，帮助儿童自然实现幼小过渡，养成小学需要的行为习惯等。

为此，在本阶段学校设置了幼小衔接、入队课程和乐考嘉年华等丰富的课程与活动，让学生在班级与学校生活中不断学会协商互让，做到言行得体，努力实现进阶目标。（启程课程方案详见本章原始档案一）

1.幼小衔接——了解儿童，使其从被动适应到主动适应

幼小衔接是儿童整体过渡中的一个关键期。学校不仅要关注儿童的知识储备，更要关注他们的心理与情感适应。学校着眼于成志教育的长远规划，把儿童身心适应和学段衔接发展放到小学六年乃至更长的阶段，聚焦于每一个阶段的儿童成长。

启程课程目标是为儿童开启一段新的学习历程，不仅要体现趣味性，更要让儿童走向更高级的学习生活。因此，清华附小构建了启程课程三维目标体系。

一是基于社会层面。社会层面的目标指向刚入学的小学生对学校的认知，包括对学校环境的适应、对学校生活规则的了解以及在学校独立生活的能力等。二是基于交往层面。启程课程延续幼儿园的学习模式，以小组化学习模式

为基础，建立伙伴式的学习群体。此阶段的主要教学任务是促进学生感受同伴之间的关系，感受到为他人服务所带来的成就感与幸福感，从而建立班集体的概念。三是基于认知层面。促进学生学会学习，养成较好的学习习惯，如听讲的习惯、书写的习惯以及阅读的习惯等，提高学习能力；能根据教学要求完成学习任务，并逐步形成运用所学知识解决真实问题的能力。启程课程之幼小衔接框架如图 2–3 所示。

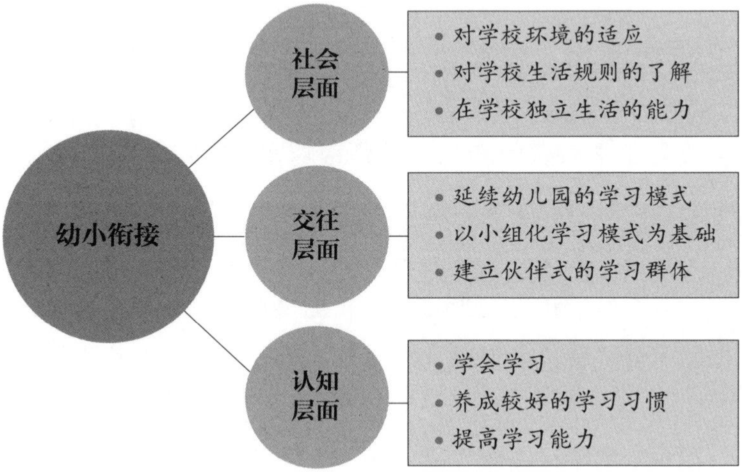

图 2-3　启程课程之幼小衔接框架

三个目标维度，围绕儿童的天资与性情，从不同的侧面将其细化到具体课堂中。例如，语文学科：通过绘本阅读，了解校园生活，懂得校园规则；数学学科：将以往认识校园的活动课程化，让学生在认识校园的基础上，能建立一一对应的关系，初步感知教材第一单元“生活中的数学”中最基本的数学信息，包括认识生活中的数、用符号表示、有序地观察、数量关系比较、物体大小比较等；科学学科：认识示意图与平面图，认识校园中的一些植物，比较两种植物叶子的大小等。在学生入学的第一周，学校单开课表。在一个月内重点进行生活及学习教育，一个学期后从学习评价进行衔接，开展乐考嘉年华活动。

此外，学校组织“大手拉小手”活动，为一年级新生树立成志同伴榜样。在一年级入学后，既有二年级学生指导新生如何上厕所、喝水等，帮助其养成良好的生活及学习习惯，又有高年级的学生进入一年级的班级，每天中午为一年级的学生讲故事。通过“大手拉小手”的各种活动，学校帮助一年级新生寻找同伴榜样，缓解成长压力。

幼小衔接需要家校一致、社区协同。这是一个整体衔接的过程，需要家长在情感上慢慢过渡，在行为上慢慢放手。对此，学校进行了一些探索。首先，对已经完成入学手续即将入学的新生的家长，开展一系列培训和交流活动，让家长了解学校的课程及理念、班级的管理及学习、生活习惯方面的要求。其次，在启程课程中开展家校共同体活动，比如，亲子共学日活动、亲子运动会、周末图书馆亲子阅读、家长进课堂等活动。一方面，让学生产生亲近感和安全感，在心理上慢慢过渡；另一方面，让家长走进学校、课堂，感知学生培养的实际需要，丰富教育体验。在幼小衔接的关键期，家庭教育、学校教育、社会教育要协调一致，形成一个整体的育人环境。

作为学校启程课程的一部分，学校每年都选派教师去幼儿园做讲座、交流，让家长们帮助孩子做好知识储备、心理准备等。另外，学校让即将教一年级的教师进入幼儿园体验生活，了解幼儿园的教育方法。同时，邀请幼儿园的儿童走进学校参加“三个一”活动，即参加一次升旗仪式，跟一年级学生一起上一堂体验课，认识一位一年级的学生，并请他介绍小学的学习与生活。

2.“乐考嘉年华”——为儿童的天资与性情发展提供滋养

一年级的期末测评是儿童从幼儿园到小学的第一个与评价相关的关键事件。家长往往会感到焦虑，学生则会感到害怕与无助。遵循一年级学生以具象思维为主的特点，清华附小启程阶段一年级第一学期期末的学习评价打破传统的纸笔测试模式，开展在情境中体验、跨学科整合的“乐考嘉年华”。“乐考嘉年华”全方位、多角度展示及考查学生的关键能力与必备品格，为学生的天资与性情发展提供土壤，让儿童的学习与生活天然地联系在一起。

“乐考嘉年华”将知识还原于情境，以核心素养为出发点，让一年级学生在“丁香娃娃奇遇记”的大情境中学知识、用知识，激发学生的兴趣，重视学生的实际获得。

不仅如此，“乐考嘉年华”构建起了新的学习关系。让儿童在实际操作中学习和体验，建立对学习的初步概念，在学习起点上品尝学习的甜味，初步认识考查的意义，在新的学与考的关系中还原知识；儿童初期识字与阅读能力存在差异，这可以避免儿童的学习兴趣受挫，使儿童天性得到释放。

一年级学生活泼开朗，注重体验。我们根据学生所学各学科的内容等，设置了五道不同的关卡，在闯关游戏中渗透知识，将所学内容应用于情境中。例如，2017 年的“乐考嘉年华”五关分别为走进苏轼成语、探秘汉字王国（见图 2–4）、“Magic World”（“魔力世界”）（数英整合）、丁香花朵朵开（语数整合）、成长秀（各学科展示）。在第三关，我们打通学科，将英语和数学知识渗透其中，构建新的学习关系，设计了跨学科的主题活动。学校从学生的兴趣出发，夯实学科基础知识，培养学科关键能力和乐于助人的品格，强调基础牢。由此，学生在轻松、自主、合作的氛围中完成了“乐考嘉年华”活动。

图 2-4　乐考嘉年华（板书）

“乐考嘉年华”的多项游戏以小组合作的方式进行，对学生是一次全方位的锻炼和提升。这不仅检测了学生掌握和运用知识的能力，还考查了学生表达沟通、协调组织、处理突发问题的能力。学生在这个过程中获得的进步与成长是一张试卷无法达到的。“乐考嘉年华”让一年级学生对“考试”有了快乐的体验和美好的记忆，从而对学习保持好奇与探索的“初心”。

3. 加入少先队 —— 学段三进阶中的关键事件

学段三进阶中每一个阶段都有标志性活动，作为进阶中的关键事件，这些活动发挥着承前启后的关键作用。低学段启程课程中的入队就是与学生的价值观塑造相关的关键事件。

一年级下学期正是学生“自觉学习”的关键期。学校以学生加入中国少年先锋队为契机，让儿童深入了解少先队的历史和国家历史，以革命传统文化教育为学生成志打好底色，扣好学生价值观教育的第一枚纽扣。成志教育的价值引领是要让学生把个人的命运同祖国和人民的命运联系起来，融入学生日常的教育教学中，为成志少年打下红色的价值底色。清华附小把成志启蒙与学生当下的学习习惯养成结合起来，让一年级学生理解成志少年的命运始终与祖国和人民的命运联系在一起。

启程课程中设立了“入队”主题课程。“入队”教育分为三个阶段：入队前的知识普及、情感培养和目标确立；入队仪式带给学生终生难忘的快乐记忆，渗透信仰教育，让学生感受庄严与自豪；入队后继续争做优秀的少先队员（见图 2–5）。

队前教育	入队仪式	少先队员行动
• 了解少先队史 • 学习入队礼仪，努力加入少先队	• 感悟个人责任 • 播种成志理想	• 行为习惯新目标 • 公益服务成自觉

图 2-5　入队 —— 红色成志启蒙内容框架

以“争做优秀的少先队员”为目标，学校有计划地开展一系列“入队”主题教育活动，将一年级下学期学生的习惯养成融入各学科教育教学的各个环节，并利用“入队成长档案袋”记录学生的学习与成长。

启程学段要尊重儿童的天资与性情，这是呵护儿童兴趣的基础，也是后期培养乐趣和激励志趣的基础。清华附小通过一系列教育教学活动，让儿童的兴趣得到呵护。学校聚焦儿童的实际活动，引导儿童做到言行得体、协商互让，懂得在集体生活中要“求大同，存小异”，夯实儿童的学习习惯和行为习惯，实现成志教育低学段“基础牢”。

（二）知行课程，培养乐趣——聚焦意志与行动

知行学段侧重于培养学习乐趣。进入中学段，儿童生理差异的优势逐渐持平，其身心处于U形底部发展期。要让学生在低学段树立起的好习惯得以延续，萌发的兴趣得到发展，要靠不断学习、行动注入力量。基于此，清华附小特别强调培养学生的意志与品质，让行动跟上兴趣的发展，强调知行合一，实现成志教育中学段“腰杆硬”。

教育学家赫尔巴特在《教育学讲授纲要》一书中非常明确地指出：“内心自由是明智与意志两者之间的关系。教育者要关心的是，首先使每个成分成为现实，然后有可能使它们结合成根深蒂固的关系。”他阐述了教育教学活动中知识与意志的关系。

中学段的知行课程强调知行合一，以诚实守信和自律自强为主题，让学生自己去体验。要帮助学生感知到自己的“知与行”，形成能为感兴趣之事持续付出努力的意志力——从天资与性情出发形成兴趣，学生内心接受并愿意付出行动，砥砺意志，从而培养真正的乐趣（见图2–6）。（知行课程方案详见本章原始档案二）

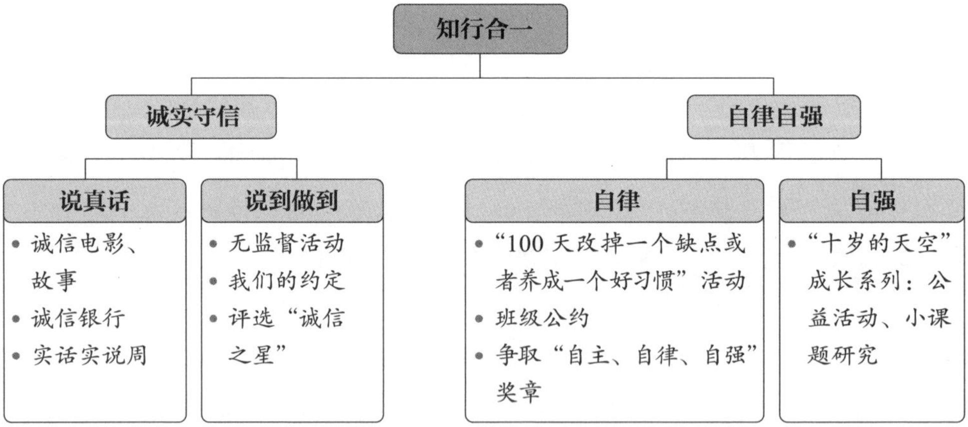

图2–6 知行课程内容框架

1.诚实守信——从自我体验走向自我觉察

诚实守信是社会主义核心价值观的重要组成部分，也是知行学段的重要目标之一。结合学校的“成志好习惯21天行动计划”，每个学生设定自己的目标和计划，自我承诺，自我监督。三年级通过一系列活动聚焦诚实守信，让学生努力为自己的承诺负责任。推荐相关书单，让学生阅读有关诚信的故事，比如，《给乌鸦的罚单》《中国诚信故事》“中华传统美德故事丛书”。学生在自我阅读和班主任引导的基础上，努力成为一名诚实守信的好少年。每人都拥有一张“诚信存折”，各班成立“诚信银行”（见表2–1、表2–2）。

表2-1　诚信银行（语言篇）

持有人：　　　　　班级：

你能写出多少句有关诚实守信的名言？			
序号	具体实践效果	诚信奖励	经手人

表2-2　诚信银行（行动篇）

持有人：　　　　　班级：

序号	时间	相关事宜	诚信奖励	经手人

在利用一系列活动为学生的认知打下基础后，各班会举办“诚信故事会”三分钟演讲，让学生讲讲发生在自己身上的诚信小故事，并谈谈遇到诚信挑战时该怎么做。同时，音乐学科教学生唱“诚实守信”三字口诀歌，美术学科让学生画出“诚实守信”行为，学校还会推荐有关诚实守信的电影，请家长与孩子一起观看。学校通过各学科联动，突出“诚实守信”主题。

2.自律自强——“十岁的天空”中的“刹车”与“油门”

“十岁的天空”系列活动是成志教育知行进阶的标志性活动。学校以“十岁的天空”为主线举行一系列活动，教育学生自律自强，培养学生的乐趣。

进入四年级以后，学生对世界有了独特的思考，开始用自己的眼光看待周围的一切。这个时候，教师就要及时引导他们从正确的角度、用正确的心态看待身边发生的事情，让学生在自我成长中强化自律。清华附小重视学生的习惯养成教育。习惯是养成教育的产物，它往往起源于看似不经意的小事，却蕴含了足以改变人类命运的巨大能量。心理学家研究指出，一项看似简单的行动，如果你能坚持 21 天以上，就会形成习惯；如果你能坚持 90 天以上，就会形成稳定的习惯。四年级的教师团队帮助每位学生制定了“100 天改掉一个缺点或者养成一个好习惯”的目标。学生以自己喜欢的方式制作记录表，将每天坚持的情况记录下来。教师对学生的坚持行为给予肯定和鼓励。四年级的教师团队对学生坚持好习惯的情况做过细致的统计。统计结果是，连续 21 天坚持好习惯的学生占四年级学生总数的 68.2%，而努力坚持、30 天内偶有间隔的学生占四年级总人数的 28%，未能坚持自己定下的这项好习惯的学生占四年级总人数的 3.8%。

在学生自我约定中不断实现乐趣的培养。四年级学生在遵守纪律方面出现倒退现象，老师们没有着急，而是根据学生“自我尊重、获取他人尊重的需要比较强烈，开始从活动的效果、动机等多方面评价自己和他人，开始学会独立地把自己与他人比较”这一心理特点，和学生一起讨论四年级学生应当自觉具备哪些行为规范意识，由此制定出班级“公约”。例如，“自主安排富余的学习时间”“到专业教室上课提前排队，队列整齐，在铃声响起前到达专业教室”“做力所能及的家务（整理房间，洗内衣、红领巾等）”“上卫生间不拥挤，互让有序”“上下楼梯有秩序，不嬉闹，不推搡，右侧通行”等。不仅如此，学生还提出了“积极参与大课间的活动并能坚持完成”“努力克服自身存在的缺点”“努力让自己在某一方面成为大家的榜样”和“遇到困难时能努力克服”等自强目标。

教师“隐身”，学生成为主人。学校为学生提供多种“无监督”的环境与场景，促使学生在不同情境中进行自主管理，以培养学生筹划、安排、自我约束和团结协作等多方面的能力与意识，使学生成为在学习和生活中自主自觉、知行合一的小主人。

（三）修远课程，激励志趣——指向理想与抱负

教育不是灌满一桶水，而是要将学生心中这团志趣的火点燃。在修远学段，学校要培养学生的理想和抱负，实现勇于担当、尊重感恩的进阶目标。

清华附小毕业课程研发小组对六年级学生第二学期的学习状况进行了调查。结果显示，部分学生学习状态出现断层、心理波动较大、学习兴趣和动机降低，“高原”反应明显。研发小组还就理想中的毕业课程是怎样的对师生进行了采访，了解到老师、学生的很多想法和期待。

学生对中学生活和未来职业发展比较关切。修远课程着眼于现阶段毕业班学生的需要和乐趣，包括为各个学习层次的学生设立的体验课程、清华附小文化传承课程、创新微研究课程。学校重视课程优化，鼓励教师在不同的学科学习中开设“自主学习”单元，引入大课体系，开展创新性实践活动，促使学生不仅用脑去学习，而且用身体去感知和理解知识的本源以及它对社会生活的意义。

此外，我们在调查中还发现，伴随着身心发展，六年级的学生已经出现了青春期的躁动和叛逆，一部分学生不能控制自己的情绪，加上对未来的担忧和恐慌，他们手足无措。修远学段，在小学学业质量阶段目标达成的基础上，教师要激励学生的志趣，帮助学生形成正确的人生观、价值观，强化其良好的行为习惯，使其顺利完成从小学到初中的过渡，培养理想与抱负。

基于以上调查和思考，清华附小的毕业修远课程（见图 2–7）设计了三个模块。(修远课程方案见本章原始档案三)

模块一，中学生活体验课程：走进中学——遇见未来的自己。

“路漫漫其修远兮”，中学的大门即将打开，未来的学习世界将会是什么样子的？清华附小根据学生的兴趣、特长等设置了体验课程模块，它分为集体参观、交流和一对一中学生活指导两部分。

模块二，创新微研究课程：走进大学实验室——探索、发现世界的真相。

让学生走进实验室，亲身体验，亲自动手操作。这样，学生的好奇心被点燃，研究兴趣被激活，有利于培养认真严谨的态度和严密的逻辑思维能力。学生可以根据自己喜欢的方向选择适合的实验室，针对自己关注的科学问题进行实验和探究，最后形成有趣的科研报告。比如，“纳米材料是怎么创造出来的”“卫星发射的基本原理”“三峡水库工作模型”等。毫无疑问，培养学生的科学素养是创新实践的首要目标。在创新实践中进行科学素养的培养，这是非常有效的方法和途径。

模块三：青春期教育。

修远学段，学生进入前青春期。毕业修远课程设置了女生的自我认识和男生的自我认识，关注学生的心理健康，引导学生正确认识发育带来的变化。

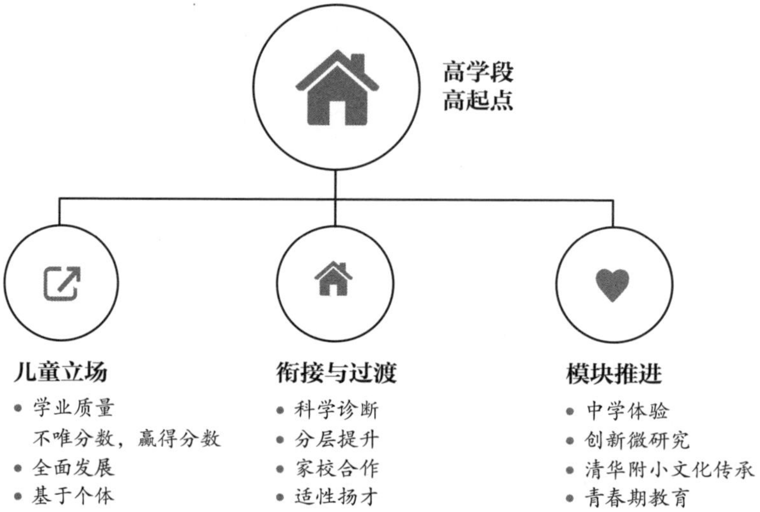

图 2-7　毕业修远课程框架

为了实现从兴趣到志趣的过渡，清华附小设置了修远趣味衔接课。适当提前和加强抽象思维训练，适当补充一些新的教学内容，加快学习节奏，可以缓解学生身心剧变产生的矛盾，降低过渡期“坡度”，帮助学生轻松跨越“小初衔接”的难关，增强其学习适应能力。清华附小整合了小学、初中的教育资源，实现课程最优化，还整合、补充了“古诗文素养课”“圆明园主题历史课”“哲学启蒙课”“英语戏剧课”等。

基于六年级“勇于担当、尊重感恩”的目标，清华附小设计了毕业前应该做的四件事。“四件事”采取“1+X”的方式，既有学校层面的要求，也有班级自选的；既有统一的行动，也有个体在日常生活中生成的。要让毕业成为一个不断升温的过程，让学生不断成长。学校层面倡导的四件事分别为：

第一件事：向所有教过我们的老师表达一次感谢。

第二件事：向低年级的同学送一本书，讲一本书。

第三件事：向班主任老师写一封表达心里话的信。

第四件事：重走一次成志大道，了解学校的历史。

“启程 — 知行 — 修远”以课程为主渠道的进阶过程，让学生每个阶段都有清晰的目标和主题（见图 2–8），核心指向学生一生的成志。这体现了成志教育的方向性、动态性和教育性。

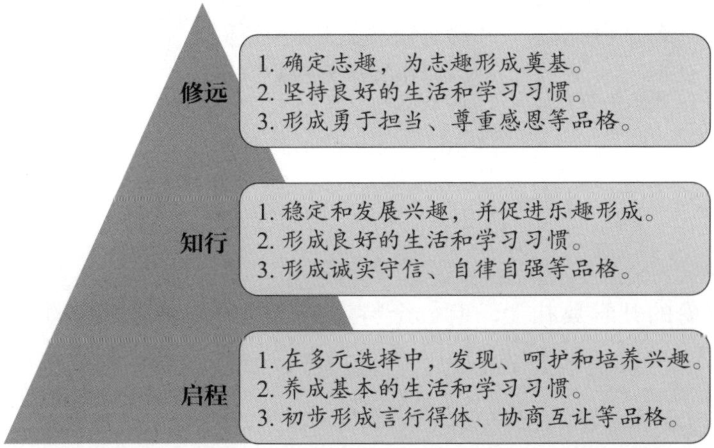

图 2-8 “启程 — 知行 — 修远”学段三进阶衔接过程

学段三进阶并不是一个封闭的系统。一方面，小学阶段“启程 — 知行 — 修远”学段三进阶，让学生在六年的教育中循序渐进、螺旋上升，不断完成进阶。另一方面，学段三进阶还兼顾前端和终端：在启程学段注重幼小衔接内容的设置，进行幼小衔接课程的开发，帮助儿童实现从幼儿园到小学的跨越，走好小学第一步；在修远学段的六年级注重小初衔接，让学生体验、感知中学的学习、生活，更好地适应中学学习生活。

三、仪式活动让学生看到进阶的台阶

学校以“兴趣、乐趣、志趣”的价值引领为核心，将启程、知行、修远课程作为进阶的主渠道，让学生的关键能力和必备品格不断生长。除关键事件外，在每个阶段完成之后的 7 月结业式上，二年级、四年级都要举行进段仪式，加上 6 月份六年级的毕业典礼和 9 月份隆重的开学典礼，就形成了每个阶段的重要仪式活动（见图 2–9）。

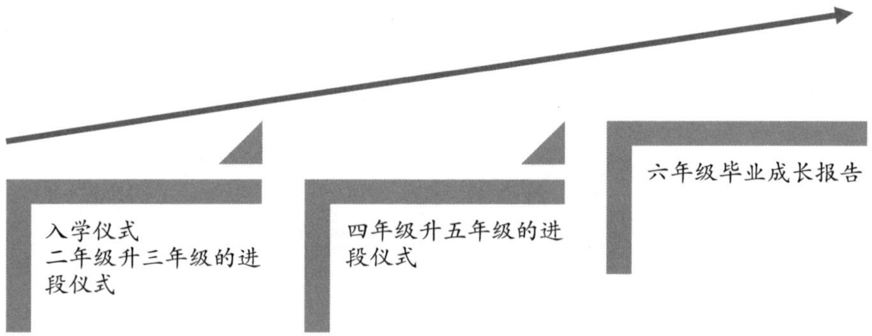

图 2–9 学段三进阶的仪式

在 9 月份的开学典礼上，有一个特定的仪式——六年级学生拉着一年级的学生步入会场，为一年级学生送上启程护照，佩戴校徽，祝贺他们正式成为清华附小的学生。这也是对六年级学生责任意识的强化。

在四年级升五年级的进段仪式上，五年级学生给四年级学生佩戴“勇于担当”的徽章。

良好的仪式也是一种教育。在“启程 — 知行 — 修远”进阶过程中，学校通过升段进阶仪式和关键事件的活动仪式等，让学生感受到兴趣、乐趣、志趣的生长过程。

四、以空间环境促进三进阶

空间环境让进阶由内而外，由无形到有形，促进儿童不断进阶的自觉意识。低学段的启程楼、中学段的知行楼、高学级的修远楼，三个主体建筑具有学段特色，形成独特的学段文化（见图 2–10）。

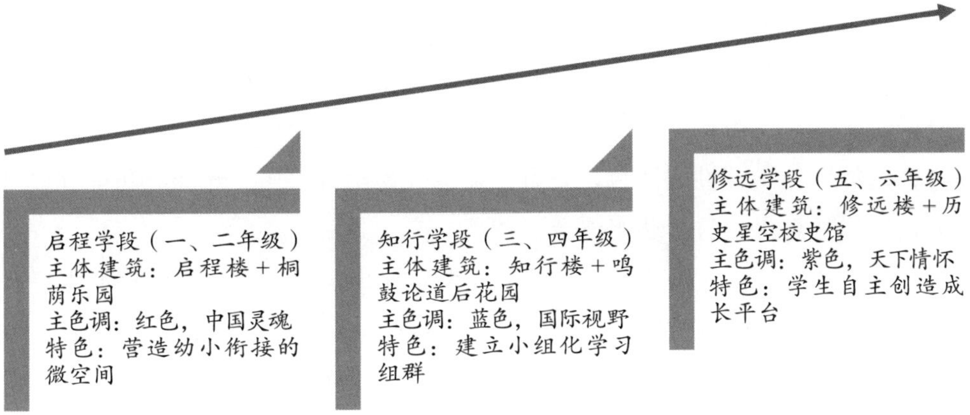

图 2–10　学段三进阶的空间环境

（一）启程楼里的中国灵魂

低学段的启程楼在结构上设计为五个并排的两层尖顶小屋，屋顶为红色，墙体绿白相间，远远看去像故事书中的蜡笔屋，童话色彩浓厚，符合低学级学生的认知喜好。

在环境布置上，首先，在启程楼的中央墙体上书写了清华附小的学生誓词：“我是清华少年，努力成为健康、阳光、乐学，拥有中国灵魂、国际视野的现代人！”希望学生在入学最初就能在心里打下成志教育的烙印，撒下成志梦想的种子。其次，在启程楼内部的楼道文化建设中，学校采用卡通画与小口诀结合的方式，将低学段“言行得体”“协商互让”的行为规范呈现出来，帮助学生建立良好的行为规范。

在景观设置上，在启程楼的一侧设置了“桐荫乐园”。在这里学生可以进行攀岩、走独木桥、玩滑梯等多项娱乐活动，也可以在沙坑、涂鸦墙上进行创作，这是学生在课余时间放飞童心的乐园。希望学生能在丰富的活动中发现自己的兴趣爱好，树立成志梦想。

（二）知行楼里的国际视野

中学段的知行楼在结构上为每层由六个六边形教室组成的三层建筑，蜂巢状的设计寓意着中年级的学生如同蜂巢一般形成稳定的结构，实现中学段的“腰杆硬”。此外，与低学段启程楼选择象征活跃、热情的红色不同，中学段的知行楼选择了充满理性的蓝色，并且以蓝色代表国际视野。希望学生能建立理性的认知，并将认知与行动相结合。

在环境布置上，首先，学校在知行楼的外侧墙体上印上了学校的办学使命——“为聪慧与高尚的人生奠基”。这既是一份期许，也是一份嘱托。其次，楼道环境布置则采用了真实照片配文的形式呈现学生行为标准，以真实的样态激励学生进行自我管理，实现知行合一。此外，班级里面还设置了“诚信银行”评价墙，以促进中学段学生“诚实守信”“自律自强”目标的达成。

（三）修远楼里的责任担当

高学段的修远楼在结构上设计为三层回形建筑，中间的露天区域则以绿色玻璃搭起了一个尖顶。修远楼整体以寓意清华精神的紫色调装饰。紫色也是红色与蓝色的调和色，是前两个学段的累加，象征着清华附小的学生在经历了启程的奠基与知行的夯实之后，迈向修远，走向成志。

在环境布置上，修远楼内部呈现了清华附小百余年来的发展脉络、重要人物与事迹，希望学生通过了解历史与人物事迹，能认识到所有现在的得到都是前人勇于担当、甘于奉献的结果，理当感恩。

在景观设置上，在修远楼的外侧墙面上镶嵌了一幅巨大的浮雕铜画《人文科学》，铜画的左侧以日为题材，右侧以月为题材，寓意着时间的永恒和不可复制，理当珍惜时间。铜画的中间部分则以文明演变为题材，寓意着从过去到未来，文明的发展在于人类的不断探索，期待新生代可以走向更加远大的未来，不忘成志初心。

建筑是凝固的文化，建筑空间有无言的教育力量。清华附小的空间环境，为纵向进阶提供了有力支撑。

五、学段三进阶的管理模式

为加强学段整合管理，清华附小将六个年级整合为低、中、高三个段部，由副校级领导或相当于副校级的管理者牵头，形成统筹管理保障机制，整体推进学段三进阶的实施与空间调整。在这样纵横交织的整体与整合式管理下，每个段部就像一所小学校，但又统筹在学校整体的组织结构里。学校不仅赋予段长教育教学、科研工作的管理权，而且在教师的业绩考核、教职工职级和薪酬的确定上，非常看重段长的建议。段长最了解每位教师的教育需求，能够集中、合理地统筹段内教育资源，形成贴近式、联动式的管理机制，形成一个相对完整的段部育人系统。

同时，学校各研究中心与段部之间、三个段部之间都形成了上下贯通的管理决策机制。三个学段整体设计与实施，形成一个主题或一个核心任务下符合不同学段特点的阶梯式进阶的实施方案、评价方式和配套实施载体。

六、学段三进阶的现实意义

“启程 — 知行 — 修远”学段三进阶，体现了学校从教学到教育的转变。清华附小紧紧围绕“兴趣、乐趣、志趣”的价值引领，形成了清晰的进阶过程。学生不仅获得关键能力和必备品格，更有天资与性情、意志与行动、理想与抱负的不断明确和攀升。

学段三进阶体现了从关注学习过程到关注认知过程的转变。我国的教学正处在由注重教学结果到注重学习过程的转变期，其中不乏热热闹闹的课堂。但是，是不是让学生参与到课堂中就达到了目的？这种参与是否符合学生的认知水平？是否促进了学生认知水平的提高？是否促进了学生认知的有序进阶？在小学六年不断推进的过程中，教育教学活动是否达成本阶段的育人目标，为下一阶段的学生培养奠定了基础？这些都需要我们对小学阶段教育进阶进行研究，这些问题都直指认知进阶过程。因此，从根本上关注教育实践的认知转变，将有利于推进教育实践的发展和学生身心的健康发展。

学段三进阶体现了教育从演变模式到演进模式的转变。不管是教学内容的组织还是课堂教学的过程，由演变式向演进式发展是学习进阶带来的最大变化。我们关注学生成志大目标的实现，也关注教育的过程性。儿童是不断发展中的人，儿童的学习有一个较长的时间跨度，要通过不断“演进”的方式促进儿童的认知变化。

学段三进阶体现了从关注课堂价值到关注课程价值的转变。课程构建围绕学生成志的目标展开，学生学习的价值在于成志。学段三进阶的研究基于学生成志，以成志教育照耀学生一生的大视角，把每堂课的教学纳入对大目标构建的过程中，而不再是零散的知识堆砌、零散的主题教育活动。每个学段都指向成志，即引导学生树立远大目标，磨炼个人意志与品质，激发学生强烈的实现愿望和行动能力，为学生成志不断准备。

清华附小通过“启程 — 知行 — 修远”学段三进阶，以成志的内涵为纲领，让“儿童站立在学校正中央”，即把促进儿童全面而个性地成长作为学校的全部意义，引导学生将个人兴趣、需要与祖国、民族的利益、命运统一起来。

启程课程方案

表 2-3　启程课程之入队仪式

启程课程以呵护学生的兴趣为价值取向，在聚焦言行得体、协商互让的品格养成中，实现学科与德育的整合，把各要素聚焦在一起，形成学段三进阶的前端，做到“基础牢”。在这个过程中，入队仪式起着重要作用。一方面，让一年级学生做到言行得体，向上看，学习身边的榜样；另一方面，让二年级学生做到协商互让，向下看，努力做别人的榜样。在入队仪式上，会对入队的过程性教育进行总结。同时，通过对一年级进行成志启蒙，帮助学生寻找榜样和前进的方向。

<table>
<tr><td>主题</td><td colspan="3">水木童心，光荣向党
——2017 级成志少年入队报告会</td></tr>
<tr><td>目的</td><td colspan="3">1. 成志少年政治启蒙的需要：以加入少先队为契机，让儿童深入了解少先队的历史和国家的历史，以革命传统文化教育为学生成志打好底色，扣好学生价值观塑造的第一枚纽扣。
2. 以言行得体为主题，在课堂和活动中涵育学生的关键能力和必备品格，在队前教育和少先队的仪式教育中强化、落实低学段“基础牢”的教育重点。
3. 从呵护一年级学生的兴趣出发，通过“一卡、一单、一册、一画、一图”设计一系列具有挑战性、长周期的任务，培养低学段学生的好习惯。</td></tr>
<tr><th>具体流程</th><th>地点</th><th>目的</th><th>内容</th></tr>
<tr><td>队前教育阶段</td><td>各班教室</td><td>1. 通过“懂知识·晓政治”，让学生了解红领巾的红色意义。
2. “知规范，正行为”，学做言行得体的少先队员。
3. 明确入队动机——填写入队申请书和心愿卡。
4. 寻找“成志榜样少先队员”，通过榜样教育与学科关键能力整合的方式落实言行得体的目标。
5. 通过入队后“写给六年后的自己的一封信”和二年级“大手拉小手”共读绘本的活动，形成完整的启程课程序列，让一年级向上看，二年级向下看。</td><td>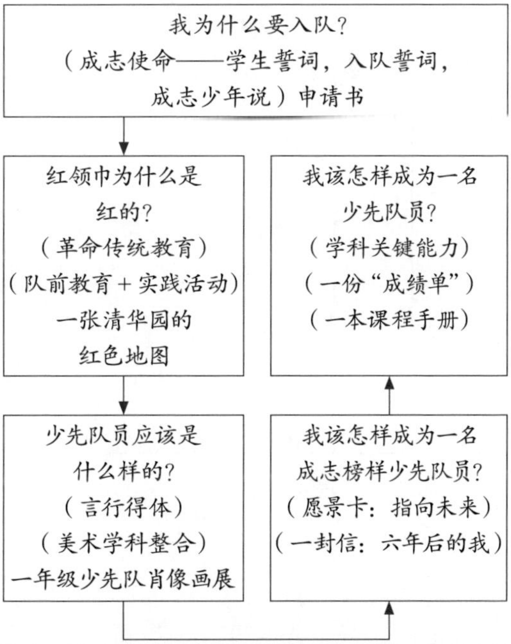
</td></tr>
</table>

（续表）

<table>
<tr><th>具体流程</th><th>地点</th><th>目的</th><th>内容</th></tr>
<tr><td>入队仪式阶段</td><td>清华大礼堂</td><td>1. 借助入队仪式这一契机，做好一年级学生的政治信仰启蒙。
2. 通过仪式强化细节养成标准，以此推进六大主题养成教育。
3. 将入队仪式作为低学段启程课程的重要组成部分和关键衔接。</td><td>第一阶段：日晷前集结，传承红色基因
同学们，你们知道自己刚刚从哪里经过吗？它是清华园内最具代表性的建筑之一——二校门。同学们，你们了解我们面前的这个建筑吗？日晷，这是清华大学1920年毕业的学生留给母校作为纪念的。数十载过去了，日晷历尽沧桑，但是它依然伫立在那里，静静地见证着清华人行胜于言的风骨。同学们，在这个特殊的日子里，我们选择从这里出发，因为“少年智则国智，少年强则国强”，我们是祖国的花朵，我们是清华的少年。
第二阶段：百年礼堂见证庄严时刻
1. 整队报告人数。清华附小2017级学生入队仪式现在开始。请一年级各班整队报告人数。
2. 出队旗（放出旗曲），全体少先队员敬队礼。
3. 宣读新队员名单。无论我们长到多大，第一步都是从入队开始的；无论我们走多远，在修远成志的大路上，始终跟着中国共产党。今天，又有一批成志少年将要加入中国少年先锋队，成为光荣的少先队员，请大队辅导员宣读新队员名单。
4. 佩戴红领巾。亲爱的新队员们，今天为我们授巾的是来自清华大学各院系的国防生。他们携笔从戎，勇敢肩负起科技强军和建设强大国防的历史重任；他们用奋斗成就着成才报国的军旅之志、用青春书写着清华人的家国情怀！请清华大学的国防生为新队员授巾。
5. 加入少先队，就意味着责任、担当；加入少先队就要诚实、勇敢、活泼、团结。一年级的同学们，你们能做到吗？那就让我们在队旗下庄严宣誓。
6. 呼号，退队旗。</td></tr>
</table>

（续表）

具体流程	地点	目的	内容
入队后第一次中队活动	清华园	1. 游览清华园中的红色景点，了解榜样人物和红色景点背后的故事。 2. 进一步认同清华文化，感受成志榜样的精神。	**“祭先烈，学精神”革命文化游学活动** 清华园是一座有历史的园子，其中有很多革命文化遗迹，比如，断碑、闻亭、自清亭等。让学生走进革命故事，感受革命精神，走近革命先烈，致以崇高敬意，以此对学生进行政治启蒙，在游学过程中对学生进一步加强言行得体教育。游学活动分成两大主题、四条线路，学生可以畅游清华园的八个景点。 **言——革命故事我能讲** 班级分组，每个小组负责一个革命故事的讲解。到达一个地方，就有一个小组用洪亮的声音、流畅的语言对该地的革命故事进行讲解，展现好口才。 **行——祭奠先烈鞠躬礼** 每到一个地方，学生就用标准的鞠躬礼向革命先烈致以敬意。 **思——透过历史看今天** 学生观看纪录片《清华风物之以身许国图》，学习革命先辈的精神，在教师的引导下在全班交流分享观后感。

ORIGINAL FILE 原始档案二

知行课程方案

表 2-4　知行课程之“十岁的天空”

知行课程以培养学生的乐趣为价值取向，在聚焦诚实守信、自律自强的品格养成中，实现学科与德育的整合，培养学生的关键能力，把各要素聚焦在一起，实现“腰杆硬”。在知行课程的整体实施过程中，“十岁的天空”起着重要作用。从三年级起让学生做到诚实守信，认识自己，努力做最好的自己。进入四年级，让学生做到自律自强，从做好自己到努力成为别人的榜样，完成学段内部的过渡。最后，通过“十岁的天空”的仪式，对知行课程的过程性教育进行总结，帮助学生找到自我管理和不断超越自我的方法。

主题	十岁的天空 ——2015 级成志少年生日会		
目的	1.“十岁的天空”衔接课程，结合学生的年龄特点，侧重于学生“自律自强”的能力与品格的达成。 2. 以“自律到自强”为主题，课程目标设定为“知—情—行—意”四个阶段目标，从增强自律意识，到触动内心情感形成自律，再到实践活动中的自强，最后形成自强的能力和品格。四个阶段形成由知到行的链条式教学设计，最终达成知行合一。		
具体流程	**地点**	**目的**	**内容**
前期准备阶段	各班教室	“十岁的天空”起于知，落于行。晓之以理，通过多学科教学，让学生了解、认识人和事，明事理，从而更好地认识自己、完善自己。	1. 开学第一课：让学生通过仪式教育，明白“自律自强”的重要性，明白拥有“自律自强”的意志品质是实现自己的理想与抱负的重要前提。 2. 开展专题性学习：了解知行合一与自律自强的文化渊源，学习传统文化中自律自强的榜样故事；学习自律自强的名言警句，熟记于心，树立理想与抱负，认识意志与品质的重要性；布置班级自律自强文化专栏，实现文化浸育。

（续表）

具体流程	地点	目的	内容
生日会仪式阶段	各班教室	学生在丰富多彩的课程学习中越来越了解自己、知道如何管理自己的学习和行为，在生动有趣的班会和形式多样的实践活动中不断体验，其实他们已经具备了一定的“知行合一”的能力。此时，应给学生提供自主、自管、自理的契机。	1. 回顾成长历程 —— 猜猜我是谁？ 出示学生刚出生时的照片，让大家一起来猜猜这是谁。 播放学生成长相册（收集学生的成长照片，1 岁、6 岁、10 岁时的照片各一张，做成成长相册）。 2. 回顾关键事件 —— 我最了解 环节一：“6+”主题养成教育中的成长故事 （1）爸爸妈妈讲述孩子成长中最难忘的事。 （2）以演讲的形式讲述学生的成长故事。 讲述学校组织的实践活动中难忘的故事，以班级特色活动为主，比如，运动会、足球赛等。 讲述在班级中成长的故事，围绕关键能力和必备品格的提升，讲述典型例子。 讲述在社团中成长的故事（在民乐、武术、舞蹈、健美操等社团中的成长）。 环节二：“6+”学科中的学生关键能力展示 语文：朗读、吟诵、飞花令。 数学：九连环、魔方。 英语：英文歌曲。 文艺：书法、戏剧、绘画、民乐、舞蹈（健美操）…… 环节三：从知行到修远的约定 （1）以“我十岁了”开头，朗诵《今天，我十岁了》，做好和高学段“勇于担当、尊重感恩”的衔接。 （2）父母寄语。 （3）班主任发言。 （4）合唱《妈妈的目光是我的路》。
升楼仪式阶段	人文广场	参观高学段的修远楼，了解修远楼的文化内涵。	1. 听听修远楼的成志好故事。 2. 给高学段的自己写一封信。

ORIGINAL FILE 原始档案三

修远课程方案

表 2-5　修远课程之“毕业成长报告”

从启程、知行，再到修远，学段三进阶让学生不断走向聪慧与高尚。修远课程以激励学生的志趣为价值取向，在聚焦勇于担当、尊重感恩的品格养成中，实现学科与德育的整合，把各要素聚焦在一起，形成学段三进阶的最后环节——梳理、总结小学6年的成长足迹，展望未来6年乃至60年的发展及成志之路，达到“起点高”。在修远课程的整体实施过程中，毕业成长报告起着重要作用。一方面，为五年级学生的勇于担当给出了参照，在做更好的自己的基础上，理解责任。另一方面，通过梳理6年的实际活动，六年级学生生发尊重、感恩之心，感恩老师，感恩学校，理解自己是在社会大家庭中成长的，在展望未来中践行自己的成志使命。通过成长报告的仪式，对修远课程以及6年进阶中的过程性教育进行升华，激励学生的志趣，使学生不断走向聪慧与高尚的人生。

<table>
<tr><td>主题</td><td colspan="4">成志教育：立德树人的小学实践
——2018届毕业生的6年修远成长报告会</td></tr>
<tr><td>目的</td><td colspan="4">1. 展示清华附小立德树人实践的成果，丰富和提炼清华附小6年来的探索路径，把它转化为可复制、可推广的模式。
2. 以勇于担当、尊重感恩为主题，通过6的“+、−、×、÷”展示成志少年6年的实际获得：“6+”加的是对未来的展望，“6−”减的是沉淀的思考，“6×”乘出实际获得，“6÷”除的是数据的印证，让每一个儿童的真实经历得以展示。
3. 通过校长的《致青春第一课》，对2018届毕业生进行青春的启蒙教育。</td></tr>
<tr><th>具体流程</th><th>时间节点</th><th>地点</th><th>目的</th><th>内容</th></tr>
<tr><td>序
成志寻梦</td><td>8:30
—
8:40</td><td>人文科技广场</td><td>2018届全体师生集体跳起《丁香花开》友谊之舞，预热全场，并寓意着成志少年如丁香花开一样开遍祖国大地。</td><td>1. 2018级毕业生身着礼服，一边唱中英文校史歌《丁香花开》，一边缓缓走进人文科技广场，跳起《丁香花开》友谊之舞。
2. 主持人宣布开始。
毕业，不仅仅是典礼和仪式；成长，不仅仅是年龄和身高；带走的，不仅仅是回忆和感动。今天，我们将在这里一起见证一批成志少年的6年成长报告。今天，他们拿着成志梦想机票，从百年附小起飞。
首先走进人文科技广场的是2018届（1）班——带着书香去远方。6年来同学们吟诵了近千首古诗，进行阅读小课题研究80多项，去博物馆887人次，班级平均阅读量达到了400本以上。改变，从阅读开始；母语，奠基人生。祝福他们带着书香去远方！</td></tr>
</table>

（续表）

具体流程	时间节点	地点	目的	内容
序 成志 寻梦	8:30 — 8:40	人文 科技 广场	2018届全体师生集体跳起《丁香花开》友谊之舞，预热全场，并寓意着成志少年如丁香花开一样开遍祖国大地。	看啊，2018届（2）班正步入人文科技广场——行走的力量。6年来，他们进行了6次图书义卖，累计捐献图书2700多本，拍摄个人微电影82部，小组合作拍摄公益题材微电影5部，其中，微电影《六步洗手法》《不做“低头族”》的网上点击量分别达到了720次和550次以上，公益实践活动参与人数达880人次。链接社会，践行成志少年“天下情怀”核心素养。 现在走进来的是2018届（3）班——文学，美好的理念。6年来，他们坚持积累与练笔，创建了“春华秋实”文学社，推出文学社微信公众号，发表作品300余篇，古体诗词60多首，文言文习作30余篇，小论文课题研究成果达400多个，成志少年显华章书香。 现在走进来的是2018届（4）班——长成自己的样子。这是（4）班一直坚持的。适性扬才，发现每一个人。这里有“满世界捉虫子”的小法布尔，有小发明家，有小画家，还有“商业巨贾”，受习近平总书记接见的“足球小子”，到全国巡演的小明星。他们组建了20多个不同的兴趣社团。在班级道德社区中，长成最美好的自己，儿童站立在班级的正中央。 看，我们的2018届（5）班走进来了——童年自有诗意。6年来，（5）班以诗画传承为班级特色，百年校庆时他们创作了100多幅诗配画作品，出版了《百年诗梦，笔下生花》；28位同学的作品在清华美院“艺术的童年”、中华世纪坛等美术作品展上展出。审美雅趣，诗画传承，站立成世界的姿态！ 现在走进来的是2018届（6）班——国学灯塔的照耀。6年来，他们吟诵古诗词1000多首，国学展示24场，撰写小古文500余篇，与国学专家对话26场。（6）班同学全面发展，形成了博学、儒雅、向上的独特风貌。 现在走进来的是2018届（7）班——让我们跑入史册。这是（7）班的口号。6年来，他们在体质监测中做到了及格率100%，优良率达82.92%，在校级体育赛事上拿下所有最高荣誉，连续6年斩获团体总冠军。他们身心健康、乐学向上。让我们在马约翰精神的指引下，向前，向前！ 3. 齐唱校歌并宣誓。

（续表）

具体流程	时间节点	地点	目的	内容
立志追梦篇	8:40—9:40	各班教室	围绕清华附小“十个一”目标，以班级为单位发布四个板块，由2018届成志少年讲述“你最想为母校留下的成志故事”。	班级毕业修远成长报告会，分为班级报告书发布、成志故事分享、2035年的畅想三个板块。 六（1）班《阅读、悦心，约未来》班级报告会 六（2）班《人文科学，修远成志》班级报告会 六（3）班《恰逢花开》班级报告会 六（4）班《少年可期》班级报告会 六（5）班《六年芬芳，“晴五晖阳”》班级报告会 六（6）班《丁香树下的约定》班级报告会 六（7）班《非常独特向上的集体》班级报告会
弘志筑梦篇	9:40—10:40	联盛馆	通过回顾成志少年6年的成长影像，回答清华附小在6年中“培养什么样的成志少年”“怎么培养成志少年”“为什么培养成志少年”三个问题。	学校毕业修远成长报告 第一个板块:【6−6】沉淀的思考 观看《六年成长》宣传片。 第二个板块:【6×（1+X）】实际获得 围绕清华附小“十个一”目标，全班同学通过创意103秒展示成志少年的实际获得。 第三个板块:【6÷6】数据的印证 用6年的数据，印证清华附小成志少年6年的实际获得，发布“毕业修远成长报告书”。 第四个板块:【6+6】对未来的展望 为未来担当民族复兴大任的成志少年，送上对未来的期许和展望。与窦老师一起上《致青春第一课》，她送给毕业生三句话，给他们推荐三本书。 毕业誓词：齐诵《成志少年说》。
成志圆梦篇	10:40—11:30	联盛馆	尊重、感恩，责任担当。	颁发毕业证书。 重走成志大路。

第三章

成志教育路径：

“1+X 课程”学科培育

成志教育，让学校“1+X 课程”改革有“魂”有“根”。在课程设计上，确定清华附小学生发展核心素养，据此调整课程结构、优化课程实施，将立德树人的根本任务落细、落小、落实，明确“有理想、有本领、有担当”的成志使命、成志发展素养目标。在课堂上，以学生的兴趣为起点，重视方法和容量，使学生获得有意义的学习，指向师生教与学的增值。“四性”“四推动”“动态三环节”等成为学校课堂的独特密码和完备运行指南。

一、构建“1+X课程”体系

课程是学校最重要的产品。一所学校拥有怎样的课程，往往决定着这所学校为学生的发展提供了怎样的可能性。基于办学使命和育人目标，学校确定学生发展核心素养，并据此建立起一个适合学生整体、多元发展的课程体系，使其符合学生成长和发展的需要。

（一）确定清华附小学生发展核心素养

教育部发布的中国学生发展核心素养，指学生应具备的，能够适应终身发展和社会发展需要的必备品格和关键能力。围绕社会参与（包括责任担当与实践创新）、自主发展（包括学会学习与健康生活）、文化基础（包括人文底蕴与科学精神）三个维度，清华附小把学生的六大核心素养与清华大学的文化及清华附小教育发展的历史相结合，向内求“慎独”，向外求“仁爱”，形成了拥有清华风格、中华文化、全球视野的五大核心素养的校本表达，构成了成志教育的内涵。

1.身心健康

“身心健康”源于清华附小原校董马约翰先生身体力行、清华大学老校长蒋南翔倡导的“每天锻炼一小时，为祖国健康工作五十年”的体育精神。清华附小的学生要珍爱自己的身体与生命，懂得身心健康是一切发展的前提。其一，清华附小的学生要学会微笑、感谢与赞美，热爱生活，自信向上；尊敬师长，友善乐群，乐于助人，学会情绪管理。其二，至少有一项自己喜欢的体育运动，有较强的身体活动及协调能力，努力做到身体发育良好、视力达标、体态匀称、体质强健。其三，要养成良好的生活习惯，讲究卫生，守时守规，合理饮食。其四，学会自我保护，面对危险时知道如何逃生及自救，遇到困难时拥有顽强的抗挫折的意志与毅力，具有朝气蓬勃的“精气神”。

2.善于学习

“善于学习”源于学校的校训“立人为本，成志于学”，主要描述学生在学习意识形成，学习方法选择，学习进程评估、调控等方面的综合表现（包括乐于学习、勤于反思、善于合作等）。其一，清华附小的学生应学而不厌，基础扎实，兴趣广泛，学习内驱力强，敏于求知，进而形成志趣。其二，具有良好的学习习惯，掌握科学地阅读各种信息及提取信息的方法，学会思考，勇于探究。其三，既能自主学习，又能与人合作，互帮互助，共享学习成果，共同促进学习。保持积极的学习状态，志存高远，通过不断学习成长、成人、成才，成就未来事业。

3.学会改变

“学会改变”源于陈寅恪在清华大学时提出的“独立之精神，自由之思想”及“人文日新”的理念（包括学会适应、敢于实践、善于反思、学会创造）。其一，清华附小的学生应具备敏锐的环境感知能力和信息捕捉能力，面对不断发展进步的社会，能够直面问题、学会适应、顺应发展，不断完善自己的心智模式，实现自我超越。其二，勇于面对在生活中遇到的实际问题，能够把学习所得运用于社会生活中，做到知行合一；形成并发展积极的人生态度，勇于实践，勤于思考，动手动脑能力强，有一定的劳动技能。其三，具有敢为人先的精神，敢于质疑，具备富有批判性、创造性的审辩式思维以及创新实践能力，进而形成良好的劳动素养、问题解决及技术应用等能力。

4.审美雅趣

“审美雅趣”源于清华大学四大国学导师（王国维、梁启超、陈寅恪、赵元任）倡导的“至真、至美、至情”的美学境界（包括审美眼光、审美表达、审美创造）。其一，清华附小的学生应具备符合社会主义核心价值观的审美意识，向往、追求美好形象和美好事物，学会感知美，善于发现美、体验美、理解美、积累美。其二，能在对生活、自然、科学及艺术的欣赏中，受到美的熏陶，进而通过自己的方式表现美。其三，在此基础上，能发展美、创造美、传播美，提高自身的精神境界和审美标准，珍爱自己的身体与信仰，懂得身心健康是一切发展的前提，进而养成语言美、行为美、心灵美的成志品格。

5.天下情怀

“天下情怀”源于清华大学“中西合璧”办世界一流大学的办学思想。清华附小百余年来一直坚持公益引领（包括家国情怀、国际视野、责任担当）。其一，清华附小的学生应具有远大的理想和抱负，扎中华根、铸民族魂，拥有爱家人、爱家乡、爱集体、爱人民、爱祖国的思想感情。其二，有较开阔的国际视野，能够理解、尊重、包容多元文化，能与不同文化背景的人进行平等交流、友善相处。其三，“天下兴亡，匹夫有责”，要有为社会服务和奉献的公益精神，要有振兴中华的社会责任感、使命感，进而进行成志少年的“实践与行动”。

（二）构建基于学生素养发展的“1+X课程”

落实核心素养，需要以课程为依托，将核心素养转化为学生学习的生产力。我校基于课程标准，挖掘国家教材中的学科与活动育人要素，在课堂主渠道优质落实，构建了“1+X 课程”体系。

1.重整课程结构

学校优质落实国家课程，创生适合儿童的个性课程，逐步形成一套基于国家课程且高于国家标准的、符合清华附小学生发展需要的“1+X 课程”体系。“1”是优质落实的国家基础课程；“X”是由“1”生长的儿童个性课程（含学校个性课程、学段个性课程、学生个性课程）；“+”指两者的互动结构。“1+X 课程”增强了学科内知识的有机联系，使学科与生活、科技联通，既充分发挥了各学科育人的独特价值，又达到了合力育人的效果。

“1+X 课程”体系旨在帮助儿童更好地建立书本知识与现实生活世界之间的有机联系，引导儿童不断拓展思路，开阔视野，创生意义，从而更加有效地解决现实问题，成为高素质的现代小公民。

2.优化课程实施

核心素养的培养切忌灌输，应当引导学生在教育情境中自我建构。学校实现了学习空间的三个改造：联通了物理空间，项目学习、小课题研究，跨年级、跨学科走班学习，打破了教室的壁垒，使教与学的空间功能最大化；丰富了学习方式，学段互助课程等，让兴趣相同、年龄与性别不同的学生在一起学习，采取混龄编班的形式，实现了同伴互育；搭建了虚拟学习空间，自创清华附小互联网学校、智慧主题阅读平台、爱学堂精品课程平台，提供个性化学习服务，以儿童的需求为导向，优化学校资源配置。

就课时安排而言，清华附小改变了以往 40 分钟的固定课时，长短结合，张弛有度。“基础课时”35 分钟，主要用于基础性课程的实施；“大课时”60 分钟，主要用于整合课程的实施；“微课时”10 分钟或 15 分钟，用于晨练、晨诵、习字等；“加长课时”90 分钟，用于大型综合实践活动课程的开展。

（三）形成五大精品课程

清华附小力图通过课程改革使学生获得系统的思维方式，体验知识之间的联系，还原事物或问题在现实生活中的本来状态，使原来学科本位的多个知识点纵横联系、聚合裂变，形成强大力量，促使学生关注生活、关心世界、整体考察、系统思考、全面发展。由此，清华附小形成了五大精品课程。

1.主题经典阅读课程（全学科）

有两座经典阅读的灯塔一直照耀着学生，一座是国学经典，一座是现当代儿童经典作品。学校以全学科主题阅读课程作为学生五大核心素养的基底，在阅读中培养学生“语言建构与应用，思维发展与提升，审美鉴赏与创造，文化理解与传承”等能力。“课外阅读课内化，课内阅读教学化，阅读教学评价化”，为学生提供一至六年级的必读、选读书单。包罗人文、社科、艺术等多方面的阅读书目，能丰富学生对世界的认知。十多年来，清华附小一直以经典阅读和成志人物为轴线，构建打通学科壁垒的全学科主题阅读课程群。以《西游记》《水浒传》《呼兰河传》《朝花夕拾》《苏轼词集》等为载体，以向善、规则、家园、童年与未来、逆境中的坚持等为主题，形成了系列课程群。

2.马约翰体育课程

补充完善国家体育基础课程，把体育作为学校的核心课程。继承清华附小原校董马约翰先生的体育精神，充分运用身体这一教育资源，保证学生每天在校能锻炼两个小时左右，使学生真正拥有“一身好体魄”。保证“三个一”，即每天一节体育课（含一节足球课），每天一个体育大课间，每人一个体育自主选修项目，让“身心健康”这一核心素养在体育课程中落地。目前，学校的体育自主选修项目已达 11 个。校园足球课程已扎扎实实、轰轰烈烈地开展起来，“班班有球队，人人都上阵，足球是教材”，校园足球课程已经成为许多学生的最爱。清华附小已举办七届“马约翰杯”足球联赛，形成了清华附小各校区联动的自己的“世界杯”。

3.振宁童创课程

让智慧绽放在儿童的手指尖上。以清华附小校友杨振宁为成志榜样，以科学课为主要阵地，以应用创新为特色课程，以科技创新主题月为展示平台，人人是创客。清华附小已举办 42 届“科技嘉年华”，让创新融入每个儿童的血液中。以体现“学会改变”核心素养中敢于实践、学会劳技、大胆尝试与创新为核心，聚焦“电子与信息”内容，编程、乐高、人工智能等已形成课程品牌。

4.个性种子课程

每粒种子都是独特的，是树就茁壮成长，是花就最美绽放。个性种子课程既要遵循国家道德与法治教材，又要结合学生具体生活；既面向全体，又关注个体。对在某方面有天赋的特长儿童，适性扬才，为其提供自创课程的“水木秀场”展示平台，并搭建校外更大的展示平台；对身心需要照顾的特殊儿童，提供各种帮扶、咨询、疏导，组织学者、专家、心理导师进行一对一的呵护和陪伴。

同时，在校本“品格教育”课程纲要中，纳入“积极教育心理学”课程，激活并唤醒所有儿童的内在积极驱动力，培养现代人必备的积极心态、阳光品质。

5.丁香戏剧课程

戏剧，儿童的第二重生活。开设专时专用的戏剧课程，对儿童进行全人格的审美雅趣素养教育。校本戏剧课程内容包括校史剧、主题情景剧、经典读本剧等。按学段划分，低学段侧重课本剧，中学段侧重校园剧，高学段侧重校史剧。每年一度的戏剧展演，给儿童提供另一种塑造自我、展现自我的平台。

二、全学科主题课堂培育

课堂是学校落实“立德树人”的主阵地。清华附小的全学科主题课堂，以民族精神、核心价值观等价值主题为统领，寻找共同的价值追求，并且通过富有学校特色的四个课堂价值追求和“四推动”课堂动力系统以及“动态三环节”，以丰富的课堂组织形式、扎实的课堂保障为载体，提升学生的内在动力以及持恒钻研精神，学校以一日蹲班为抓手（一日蹲班观察表详见本章原始档案一），优质落实国家课程，实现学科素养与精神价值的共生。

（一）课堂价值追求——“四性”

成志教育，以“成志”为切入口和生长点，聚焦人的完整发展，力求在全学科的课堂上，突破传统课堂教学以传授知识为导向、育人功能发挥不足的困境，力求在“主题”价值观引领下培养学生的必备品格和关键能力。

继承学校既往“三个超越”“主题教学”形成的优良传统，结合今天儿童的现实需求，在常规课堂价值追求的基础上，我们把成志教育的基本特征“四性”——价值性、挑战性、周期性、融合性落实到课堂上，形成成志课堂的特色价值追求，并且将其作为教师课堂教学、学生课堂学习效果的重要评价指标。

1.价值性（意义值，主题体认）

课堂教学，要在成志主题引领下德智统一，实现从知识学习到价值体认的跃升。

小学教育是我国基础教育的开端，是国家培养各类人才的基础，也是儿童走向社会接受系统规范教育的首站。小学课堂，势必要担负起儿童价值观塑造、学科素养奠基等各项基础性工作。小学课堂教学担负更多的是对学生正直品德、集体观念、敏锐思维和良好习惯等个人素养和能力的塑造任务。因此，如何让仅几十分钟的一节课，不只是传授知识，而是更加具有教育意义，让学生在有限时间内能接受丰富、饱满的课堂教育，充分实现课堂教学效益最大化、价值最大化，是学校课堂教学追求的目标。

从长远意义上看，学校课堂教学对价值性的追求，不仅可以让学生在有限时间内有学科素养的收获，还有助于其崇高道德品质的建设与良好行为习惯的养成，对学生在人生初始阶段奠定优秀素养具有至关重要的意义。

2.挑战性（兴趣值，深度获得）

课堂教学，要以具有挑战性的学习任务激发兴趣，使其成为学生持续研究、深度获得的牵引带。

尝试解决问题与突破挑战是进步最快和收获最大的方式之一，在课堂教学中，这更是调动学生感官和思维的极佳手段。现在的学生接触知识的渠道之多，接受的信息量之大，是前所未有的。他们不愿意再被动接受单向传授的知识，而愿意主动感受学习的乐趣、实践的美妙。他们不喜欢老师在讲台上唱独角戏，而喜欢参与教学，提出问题，思考问题，研究解决问题的不同方法。他们渴望平等的师生关系，而非师尊生卑的等级关系。只有让学生成为课堂教学的主体，才能发挥出他们无限的潜力与创造性。在课堂教学过程中，难度适当的学习进阶，常常能激发学生更强烈的学习动机及主观能动性。学生年龄小，自我控制能力较差，在小学课堂教学中一味地进行没有挑战性的基础知识传授，容易让学生感觉枯燥进而产生厌倦心理，失去学习兴趣。具有挑战性的问题，可以最大限度地调动学生的积极性，吸引学生的注意力，可以营造更加良性的课堂氛围，同时对培养学生迎难而上的品格、激发学生的创造性思维与创新性思路具有积极作用。因此，设置具有挑战性的问题，是学校课堂教学的必备环节。追求挑战性有利于实现课堂教学价值最大化。

富有挑战性的学习历程，能够帮助学生树立自信心，锻炼意志，认识自己学习方面的优势与不足，养成健康向上的品格。如今移动互联网正在深刻影响传统教育，教师要借鉴与适应新媒体时代背景下学生独特的学习方式，为其提供更多、更丰富、更具创新性的挑战性学习任务。

3.周期性（方法值，长效发展）

课堂教学，要尊重儿童的学习规律与成长需求，加强连续性，形成关联性的深度学习，建立学生整体发展的长效机制。

学校课堂教学从学科培养目标的设定开始，要经历课程教学计划制订、教学准备与设计、教学实施、教学评估与监督、教学反馈几个有机环节。教育工作者更多地关注某个教学环节，如课堂设计、效果评估等。然而，课堂教学是一个具有周期性的循环过程，如果只注重其中一个或几个环节，势必会导致教学过程的不连贯。特别是小学阶段，学生在长达 6 年的时间里会发生惊人的成长变化，如果生命周期中的很多发展阶段无法跨越，那么揠苗助长就常常适得其反，但不进行干预，任其自由发展，亦有失学校教育的职责。关注教学的周期性，对课程教学进行周期性分析，会使整个教学更加具有逻辑性，有利于提高教育教学质量和人才培养质量，也会使整个教学循环更加严谨、科学。

成志教育的课堂关注儿童生命发展的大周期，依据儿童身心成长节律，调整课堂教学要求，变换课堂组织形式。同时，不忘小周期，努力做到平衡全面与个性，兼顾科学与人性，追求理性与感性的和谐统一发展。教师要用有限的时间，进行高效的引导式教学，使学生在精练的课堂教学中感受世界。

4.融合性（容量值，整体效应）

课堂教学，通过学科融合、儿童与生活链接，增加儿童的课堂实际获得，实现课内外一体，发挥整体育人效应。

课程整合已成为当今我国教育发展的大势。进入 21 世纪以来，我国基础教育启动了新一轮课程改革，明确提出了让课程结构更加合理、课程编排更具综合性和可供选择性的目标。在新课程背景下，学校是三级课程管理的终端，学校课程管理的核心任务是落实国家课程、整合国家课程（地方课程和校本课程）、构建学校课程体系。学校融合性教学的重要性与意义由此凸显。第一，顺应了国家教育发展规划，它是一种科学、系统的教学模式，为教学改革奠定了良好的基础。第二，符合以学生为本的素质教育目标，通过对单一学科进行跨学科融合的方式，全方位锻炼学生的综合能力，开拓学生的学科视野，培养学生的广泛兴趣，使其在有限课堂上实现更全面的发展。第三，整合具有地域、学校特点的教学内容，有利于塑造学校品牌形象，对学校未来发展定位具有重要作用。因此，学校课堂教学的融合性是价值追求的重点之一。

主题课堂统整教材单元，通过学科内单元、跨学科单元、学科内外单元打通，以结构化的方式，对教材进行“二次开发”，使教师的教学目标、教学内容与学生的认知、情感、思维连接，采用适切的教学方式，增加学生情、智、行方面“习得的量”“实质的量”和“高质的量”，实现学科思维与精神价值的共生。

“四性”是相互关联、彼此作用的，因此，实现手段并不是割裂开来的。任何一种课堂教学都应兼顾教的模式和学的模式。在推进教学变革的过程中，最终的落脚点永远是学生通过学习实现发展，所以，教学的价值追求应该充分关注学生的学习反馈和成长变化。这是每一次课堂教学都应该考虑的问题。

理想的学习是目标明确并且能够知道增值效果的学习。“四性”将教和学的目标与评价相统一，提出成志教育课堂培育的方向，以价值为基点，以周期为依据，以挑战、融合加以促进，使学生获得有意义的学习，最终指向师生教与学的增值。

（二）课堂动力系统——“四推动”

为了实现上述课堂的“四性”，清华附小开展学科育人的主题单元整体教学，触发儿童成志的四个动力系统。以主题为统领，重组单元教学内容，充分挖掘学科的育人功能与价值。方法如下：第一，挖掘单元内含的精神价值；第二，围绕主题对单元内容进行结构重组；第三，有机整合课程资源，以学生为中心进行学习设计。在此基础上，通过知识理解、思维发展、生活实践，学生实现对单元内在精神价值的深度体认。

在课堂实施中，开发与学科配套的《质量目标指南》《乐学手册》，以问题激发学习志趣，以情境调动丰富情感，以信息类、图表类和操作类等工具撬动深度思辨，以线上与线下交流、资源和实践类平台互动实现资源共享。四个学习动力系统彼此相关、互为触发，共同促进学习的真实发生（见图 3–1）。

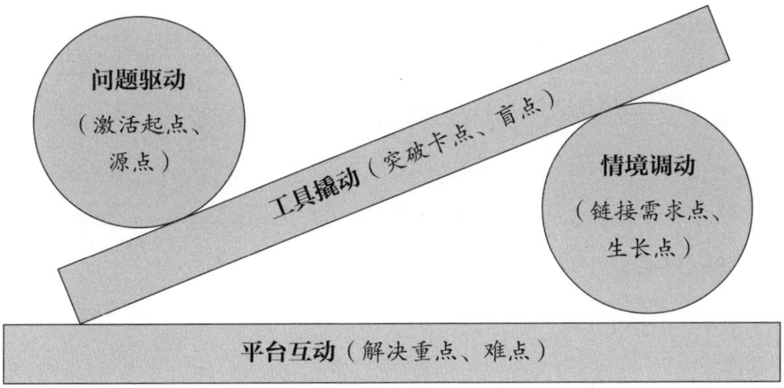

图 3-1　挑战性学习“四推动”运行系统简图

1.问题驱动

精心设计问题，由学生在预学的基础上自主发现、自由提问，教师在了解学情的基础上披沙拣金、沿波讨源，对问题进行梳理、调整，并将学习内容的原生价值与学生学习的需求点和生长点进行连接，形成驱动学生好奇心与内生力的主问题、问题链或问题组，激发学生的学习志趣。

问题是预设、调整、动态生成相结合产生的。初步形成三类问题：封闭性问题、半开放问题以及全开放问题，其基本内涵及教学特征如图 3–2 所示。

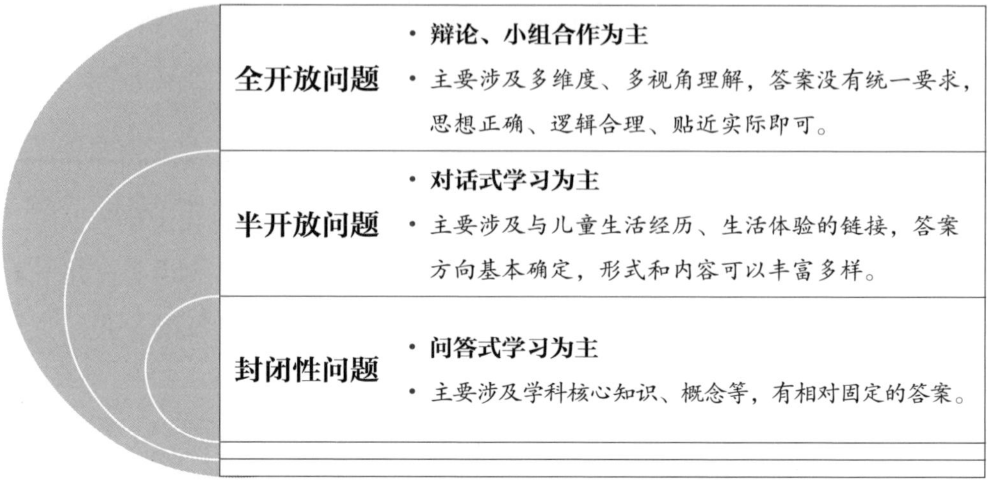

图 3-2　“问题驱动”三类问题简图

在课堂教学中，以全开放问题为核心，以半开放问题为支架，以封闭性问题为补充，增强挑战性，整体驱动学生的学习。

2.情境调动

情境调动基于学生原有的生活经验和认知。以一个大概念或主问题作为情境贯穿学习全过程，立足于学生的原生土壤，在特定的、模拟的或真实的情境体验中，调动学生的原有认知，唤醒思维，启迪思想。学生自始至终浸润其中，全身心投入，在一个大情境主线上不断由浅入深，由低到高，层层递进，螺旋上升式地带动思维提升、情感发展，拥有为志向而学的激情。根据情境调动的媒介或载体，情境调动分为两种类型。

其一，整体情境贯穿。整体情境是一个贯穿学习全过程的主情境。主情境可以是一个贯穿始终的大概念或主问题。

其二，生活情境融入。主情境学习主要连接学生的实际生活，问题的创设、资源的引入、实践的任务等都与学生真实的生活世界发生联系，有时候甚至就以真实生活问题的解决作为情境调动学生的兴趣和热情。这类情境强调通过参与具体的社会实践来运用知识、建构意义并解决问题。例如，成志教育体系中的 3C 综合实践活动课程（Care：关心、关注；Connection：联系、连接；

Creation：创新、创造）让学生充分经历发现问题、提出问题、分析问题和解决问题的过程，体现了开放性、实践性与生成性，目的是培养学生的创新思维、实践能力，内容涵盖日常生活、环境天气、生命科学、艺术审美、理财经济、运动健康等各个方面。

3.工具撬动

学生以运用工具为脚手架，多感官协同，做到内隐思维外显化、个体学程可视化，从而增加学习的实际获得。这有利于教师准确把握不同类别学生的学习需求，切中学生学习的起点，撬动学习难点、卡点，展开有针对性的指导。总之，工具让学习参与深度化，撬动学生深度体验、思维发展，助力成志品格的形成。

根据不同的目标，工具大致分为三类。

图表类工具（见表 3–1）让学习可视化、结构化。涉及提取信息、统整信息、信息分类与对比等。运用表格、思维导图等工具，既能给学生提供梳理信息的方法，又能让统整后的信息直观、清晰。

表 3-1　图表类工具简表

<table>
<tr><th>图表类工具</th><th>基本功能</th><th>基本结构</th><th>实例</th></tr>
<tr><td>知识地图</td><td>• 探索概念之间的关系
• 生成新想法
• 评价、理解</td><td>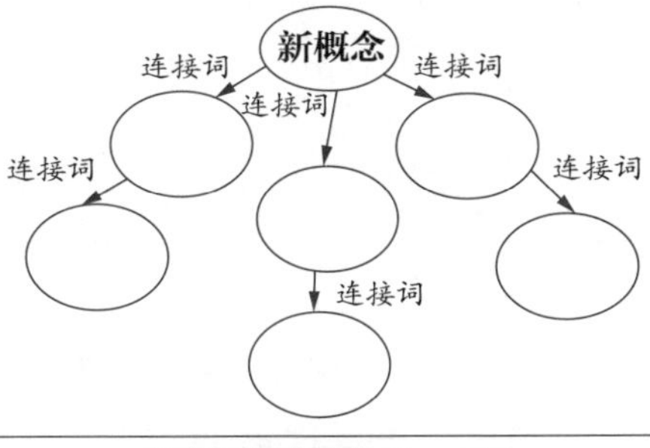
</td><td>语文课例：《江畔独步寻花》</td></tr>
<tr><td>图画</td><td>• 选择目标
• 展示清楚、明白的信息</td><td>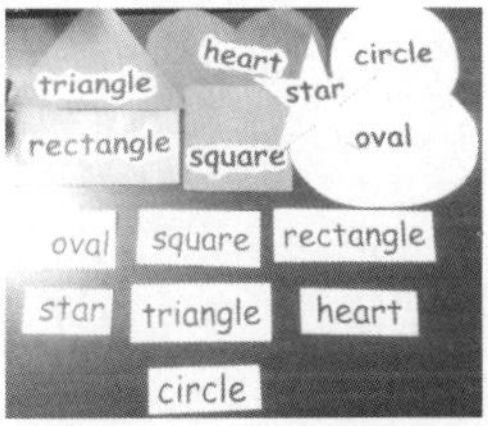
</td><td>英语课例：《Shopping》</td></tr>
</table>

（续表）

图表类工具	基本功能	基本结构	实例
矩阵图	• 呈现知识的结构 • 建构关系 • 提供组织化的知识	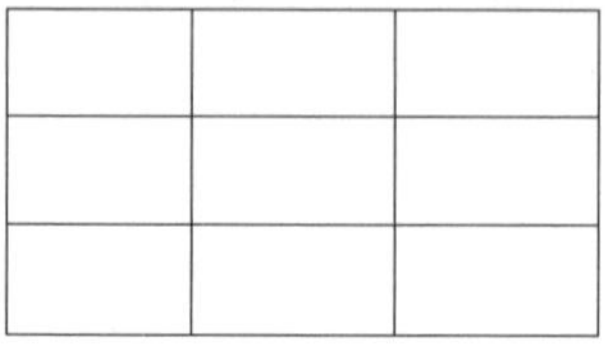	语文课例： 《田忌赛马》
维恩图	• 比较相似性和差异性 • 概念之间的交叉关系	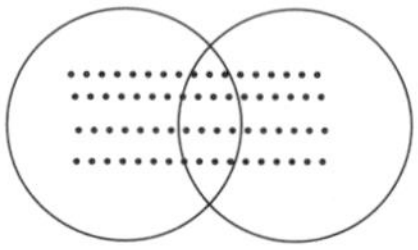	语文课例： 《龙》
流程图	• 促进逻辑思考 • 表现活动程序	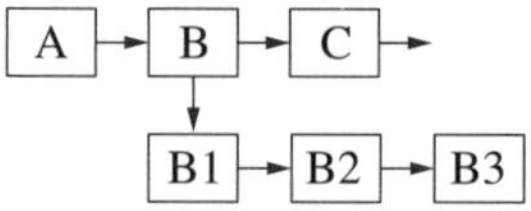	语文课例： 《捞铁牛》
树形图	• 表现从属关系 • 层级化地组织知识 • 表现分类信息	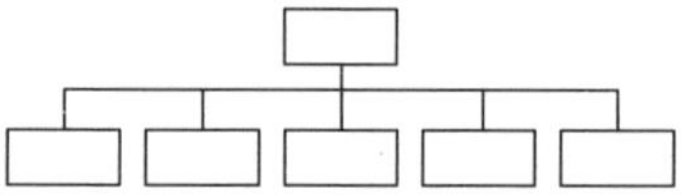	数学复习课
鱼骨图	• 表现因果关系 • 呈现问题根源	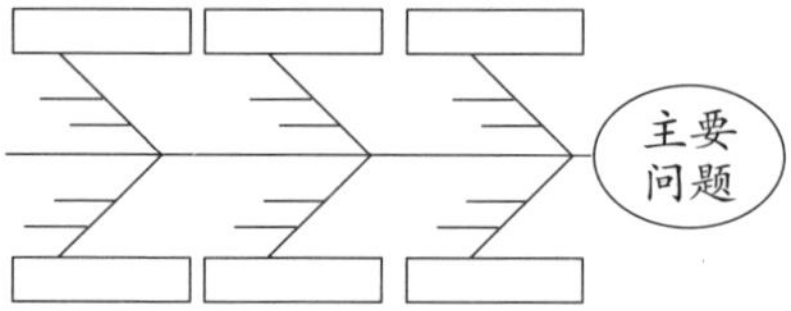	整本书阅读指导课例： 《风之王》
概念图	• 表现概念的整体结构 • 呈现知识各部分内容	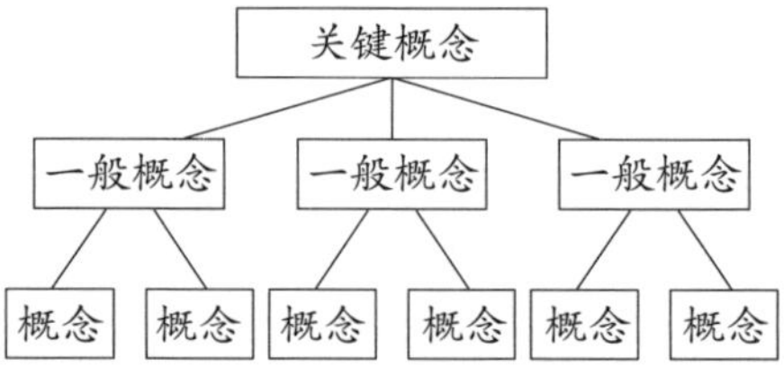	数学课例： 1.《几何图形》 2.《圆》

操作类工具（见表 3–2）让学习操作化、动态化。涉及零散内容的归纳提炼、有思维难度或难理解的概念，这类工具的针对性、操作性强，如概念具象化的图卡、学习对象的可操作的模型等。

表 3-2　操作类工具简表

操作类工具	基本功能	基本结构	实例
实物模型	• 提供平面图形的立体实物	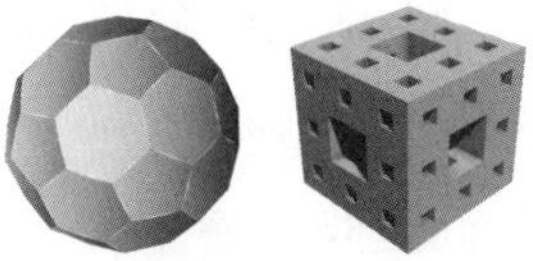	数学学科工具： 1. 智慧片 2. 长方体
实验器材	• 实验所用的器材 • 提供实验环境	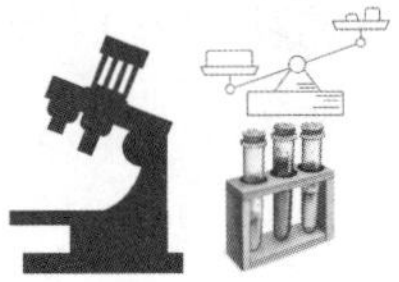	科学学科工具： 1. 天平 2. 摆
图卡	• 提供知识或概念的具象化实物 • 知识的图画实物等	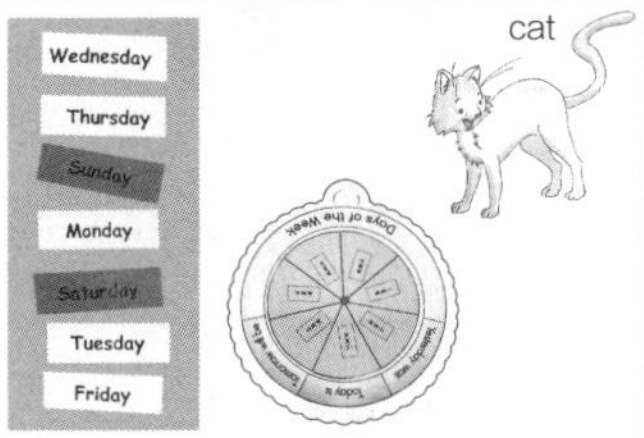	英语学科工具： 1. 词卡 2. 插图卡

信息类工具（见表 3–3）让学习情境化、集约化。涉及多种学习内容或多样化学习方式。比如，iPad，集图形、文字、视频、学习软件于一体。VR 体验，集情境体验、动手操作、全程参与于一体。信息类工具为学生提供综合的、整体的、连续的学习和实践空间。

表 3-3　信息类工具简表

信息类工具	基本功能	基本结构	实例
iPad	• 集图形、文字、视频、学习软件于一体 • 海量信息及时分享 • 学习成果及时交流 • 学习效果及时评价	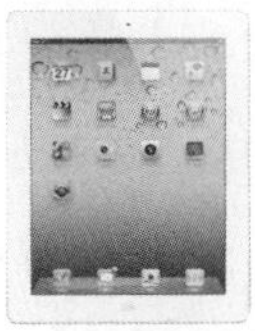	1. 语文课例： 《皇帝的新装》 2. 数学课例： 《数与图形》
VR	• 集情境体验、动手操作、全程参与于一体 • 知识体验 • 模拟生活情境		1. 英语课例： 《星球》 2. 科学课例： 《宇宙》

4.平台互动

平台，是教育资源的集合地。课堂上，师生共创平等交流的去中心化机制，分散的、隐藏的、个体化的独到见解、信息资料、问题反馈等资源，借助平台得以共享、交流，达成师生之间、生生之间的多向互动。学生在自由表达、分享中，张扬个性特长，集中群体智慧，聚焦问题解决，体验成功乐趣。互动平台，按照其实现的功能，可分为以下四类。

其一，交流互动的平台。在传统课堂中，师生、生生间缺少交流互动，更多的是信息的单向传递；新课改以来，大家愈加重视课堂上的多向互动。在主题课堂中，围绕问题与情境，借助工具，学校为学生提供了多向互动的平台。例如，在教学当中引入 iPad，构建班级交流空间，学生可以实时上传、点评作品，教师可以获得学生作业的数据反馈，从而使点对点的交流互动变为点对面、面对面的交流互动。

其二，资源获取的平台。突破传统学习资源获取、携带、保留不便等瓶颈，充分利用网络资源，创建以学习资源自主获取为主，集个体化学习、跟踪记录、诊断于一体的信息平台。例如，阅读资源库、在线学堂、微课等，学生能够充分利用各种资源，将生活中时时处处遇到的问题变为自己的学习资源。

其三，亲身实践的平台。学校为学生提供动脑、动手的实践平台，让学生有机会亲身迎接挑战，全身心投入，经历全过程，获得全体验，从而提升创新与实践能力。如每周的“水木秀场”、每节课课前的三分钟演讲等，学生在实践平台中，展示自己、提高能力、结交朋友。

其四，现场体验的平台。“课堂小天地，天地大课堂”，让广阔天地中丰富的学习资源与学生的学习发生连接。学生在真实场域中，将概念与生活经验直接联系起来，培养将知识运用到生活中的意识。在教学中，教师时常将学生带入商场、旅游、会议、交通等真实情境中，带领学生到清华大学实验室做实验，到各大博物馆进行志愿服务等。

四种平台之间的界限并非绝对，甚至在实际课堂当中，应当多平台综合运用。

在整个学习全过程中，学生在预设与生成互动中形成感兴趣、有价值的挑战性问题或任务，激活学习起点与源点，用真实情境链接学习的需求点与生长点，用工具撬动学习卡点与盲点，用平台促进师生、生生间互动，从而突破重点与难点，激发学习内驱力与潜能，培养成就感与自信心，进而提升能力。（“四推动”课堂动力系统应用举例详见第一章表 1–2）

（三）课堂动态结构——“三环节”

课堂教学是教师因材施教、促进学生个性化发展的有效途径。它能拓展学生的知识面，使学生获得更多的信息、知识，帮助学生巩固、理解教学内容；它能陶冶学生的情操，引导学生形成正确的人生观、世界观，提高学生综合运用知识解决问题的能力；它可以唤醒学生的个体意识，拓展学生的视野，丰富学生的体验，加深学生的多元理解；它以整合思维将学习与生活连接起来，能提升学生的综合实践能力。

教师须了解学生的学习状态和学习程度，明确哪些地方可以不教，哪些内容需要重点教，哪些要点需要哪些学生关注，甚至哪些学生的哪些地方应当深入指导等。在此基础上，教师针对学生独立学习中提出的问题，设计有针对性的教学。

清华附小在实践基础上形成了课堂动态结构的“三环节”。

1.基本流程：预学—共学—延学

在成志教育的课堂上，学生通过预学、共学、延学三个环节，经历“我自己学会了什么，我不懂什么”和“我新学会了什么，我还要进一步学会什么”的学习过程。清华附小根据学生的学习规律，把学生的问题当作教与学的起点，以学生的核心问题为突破点，以持续性学习为落脚点，构建动态的网状结构课堂，以实现深度学习。（教学基本流程如图 3–3 所示）

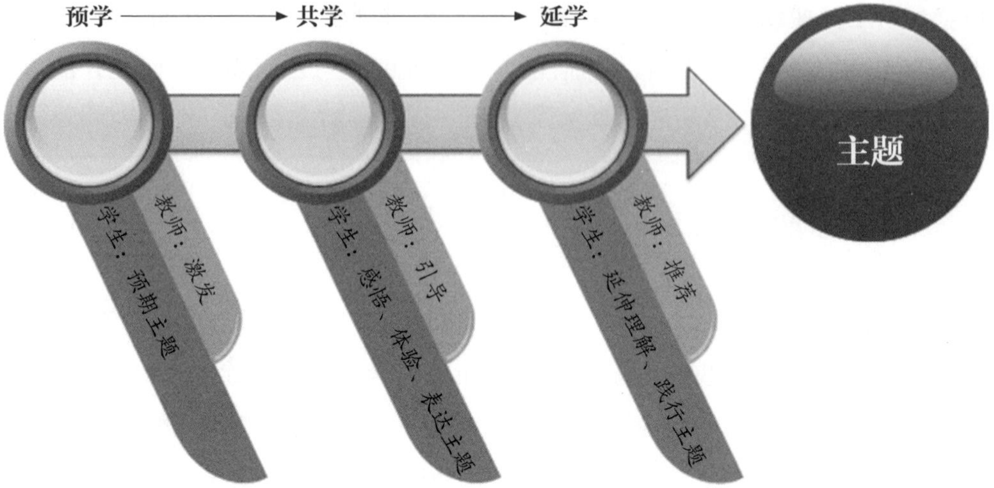

图 3-3 教学基本流程图

（1）预学。学生初步自学、整理收获、发现不懂的问题，带着问题以及对主题的预期走进课堂。学生的问题是教学的起点，学生提出的一个好问题往往就是该课的主题。教师要善于抓住这样的问题，以此营造教学情境，构建问题链。比如，教学《牛郎织女》时，六年级学生提出很多疑问。“为什么是老牛为牛郎织女搭桥，而不是马或者羊、狗之类？”“为什么王母娘娘要在牛郎不在家的时候抓织女回天上？”“见一面，织女就爱上牛郎是不是太轻率了？”“织女和牛郎相见为什么不在海边，而偏偏在树林里？”这些问题恰好体现了民间故事的创作特点及故事所涉及的价值观。比如，就“为什么是老牛为牛郎织女搭桥，而不是马或者羊、狗之类”这个问题，教师引导学生进一步讨论。学生经过讨论得出：在农耕时代，牛在人们心中的地位非常高，老牛的忠厚、老实，可以迁移到织女对牛郎这个人的判断上……正是在讨论的过程中，学生加深了对中华传统文化的体悟。

（2）共学。注重合作探究，将主题层层推进。教师将学生的质疑整理成问题串，然后由学生小组合作、共同研究，学生在解决疑问的过程中逐步形成独立见解，师生通过协商初步确定主题。教师结合预期主题，以学习内容为支撑，有效整合课内外学习资源，引导学生体验与表达主题，学生在这个过程中获得丰富的情感体验。同时，将哲学研究的基本方法——思辨带入课堂，作为学生学习的重要方法。学生通过分析、推理、判断等思维活动，形成独特见解，思维品质得以提升。教师对学生的体验与表达进行纠偏、引领、提升与延伸，促使学生深入理解，并且对学习产生新期待。共学主要采用合作学习的方式，交流成为学习的有效途径。不同认知水平、不同生活体验的学生合作学习，能训练学生的思维水平，促进学生整体发展。此外，有效的小组学习活动，还能培养学生的合作能力，增强集体凝聚力，提升学生学习的自主性和积极性。

（3）延学。学生带着更深层次的问题和渴望继续探究，教师则为学生提供丰富的同主题学习资源，并提供多种思考或持续探索的途径，让教学的价值性贯穿始终。如《花脸》的作者冯骥才，童年时代无比喜欢关公这个人物，动不动就戴上花脸扮演关公，结果过年时由于过于陶醉，不小心打碎了祖传的名贵花瓶……爸爸、姑姑、妈妈分别采取了不同的态度。在延学环节，教师让学生讨论：这些大人错了吗？学生的情绪与思维一下就被打开了。有的学生认为，站在大人的角度看他们都没有错，但成人视角和儿童视角有明显的差异。还有学生认为，作为孩子的冯骥才有着成人没有的纯真、可爱、无拘无束甚至放肆。孩子是无辜的，同时也是孤独的，孩子的世界是成人难以理解的。于是，教师让学生继续阅读一部诗集《新月集》、一本小说《小王子》，观看一部电影《美丽人生》……这些儿童经典作品，用共同的声音唤醒身边的大人——千万不要按照自己的逻辑去要求儿童，大人对儿童的心理仍然知之甚少，所以要像《美丽人生》中的爸爸一样呵护孩子的童心。

从以上三个环节可以看出，主题由学生生成，学生的质疑贯穿课堂，而学生的反馈则是检验课堂效果的标准之一。学生理解主题的过程也是学习知识、培养能力、发展思维的过程。学生为了理解与表达主题，必须深入学习、反复思考，进行分析、判断、概括、推理等复杂的思维活动，进而组织语言、梳理思路、合作交流、恰当展现。在这个过程中，学生的学科素养自然获得提高。三个环节看似简单，其实内涵丰富，集中体现了学生的主体地位。

2.流程动态化操作

任何一个流程固化出的模式都是相对的。学习内容不同、学习者不同，课堂流程一定是动态多样、去模式化的。雅斯贝尔斯曾说："什么地方计划和知识独断专行，对精神价值大加挞伐，那么这些计划和知识就会变成自身目的，教育就将变为训练机器人，而人也变成单功能的计算之人，在仅仅维持生命力的状况中人可能会萎缩而无法看到超越之境。"①生命的更新性主要表现为有意识地创新。但是在日常生活中，生命的更新性更多地表现为它的无常性和不可预测性。既然生命是不可以完全计划的，既然相对于计划性，生命更倾向于无常性，既然生命的发展具有无限可能性，那么，就教学的组织形式而言，我们就应该更多地考虑去模式化。

成志教育的课堂，正是以学生为中心而展开教学活动的，以学生的需要和兴趣为出发点，以促进学生发展为根本目的。因此，在教学时间、空间以及组织形式等方面都可以根据学生学习的实际情况进行适当的调整。例如，可以根据学生探究的进度调节教学的进度，可以根据学生对教学活动感兴趣的程度变换教学方式，而不必完全拘泥于以上三个环节。

例如，常态课堂学习，可以按照以下流程呈现（见图 3–4）。

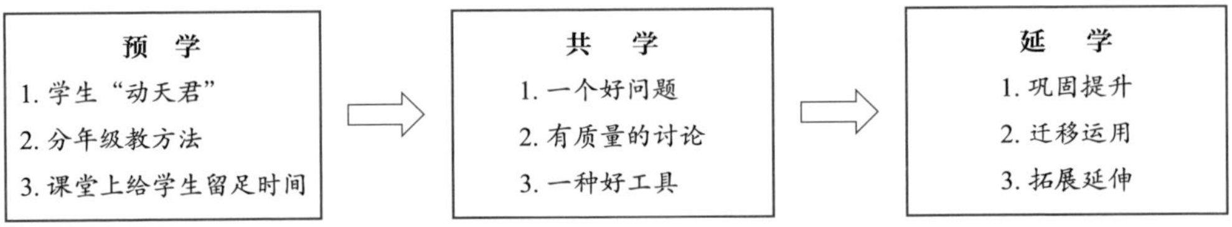

图 3-4　常态课流程动态图

在主题课程群的整合学习中，便可将原有的三环节放大（见图 3–5）。

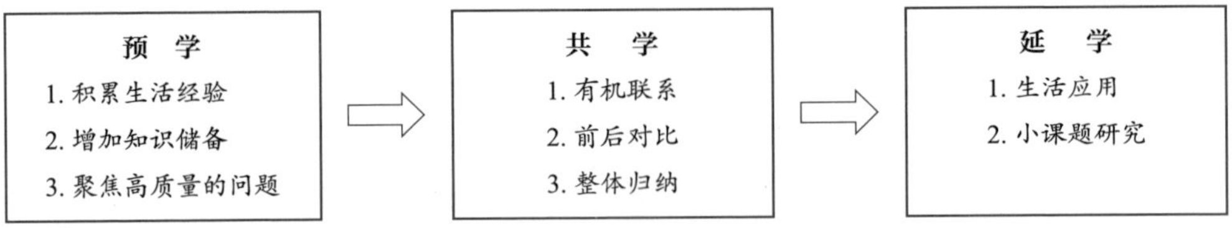

图 3-5　主题课程群流程动态图

① 雅斯贝尔斯. 什么是教育[M]. 邹进，译. 北京：生活 · 读书 · 新知三联书店，1991:35-36.

由此看来，“预学—共学—延学”只是依据学生学习的常态而提供一个可以借鉴的课堂操作结构框架。这是一个相对固定的流程，但不应流程化，应根据教学内容、学生的反馈，动态生成教学过程。在实践中，可能会出现知识探究型、实践探索型、创新发明型等不同的实施流程，它们又产生不同的变式，应根据具体内容灵活优化。

这种生成性，旨在强调教育应重视受教育者作为生命个体的创造过程，重视教育活动的个性、感性等。美国学者尼莫认为生成性教学“不应是‘罐头式’的，不应是‘木乃伊式’的，不应是偶然的、随意的，不应是老师牵着孩子鼻子走的教学”①。

课堂要实现真正的改造，必须做到：学生带着问题走进课堂，这会使教师的“教”更具有针对性和实效性；学生带着更高的渴求与问题走出课堂，这会使学生的“学”更具有方向性，从而改变原有的教学模式，即变“学生跟着教师走”为“教师为学生服务”。清华附小形成了课堂动态三环节，努力运用动态生成的观念，重新审视课堂教学，构建全新的课堂教学观，从而让课堂焕发出生命活力。

（四）课堂组织形式——小组化学习与个体化学习

课堂组织形式，是指在教学过程中，师生的共同活动在人员、程序、时空关系上的组合形式。采用合理的课堂组织形式，有助于提高教学工作的效率，并使各种有效的教学方法、手段得以运用。常见的课堂组织形式主要有班级授课、个体化学习和小组合作学习三种类型。我校在无法改变目前大班额授课制的情况下，力求通过在课堂上强化小组合作学习和个体化学习，体现对学生个体的关注，在传承的基础上进行创新。

1.小组化学习

小组合作学习就是以合作学习小组为基本形式，系统利用教学中动态因素之

---

① 琼斯，尼莫. 生成课程[M]. 周欣，等译. 上海：华东师范大学出版社，2004：18.

间的互动，促进学生的学习，以团体的成绩为评价标准，共同达成教学目标的教学活动。我校在“小组学习”中加入“化”字，旨在通过小组合作，不仅达成共同的学习目标，而且体现小组同伴之间的化育作用，进而实现整体育人的目标。

课堂上需要 2 人以上共同研究解决的问题，可以采取小组合作的方式。根据小学阶段学生的周期性特点，小组人数低年级最好是 2 人，中高年级最好是 4 人。

小组合作围绕学习的核心问题展开，在学生自学的基础上，通过多人的思维碰撞、深度讨论，促进学习发生。（小组合作基本流程如图 3–6 所示）

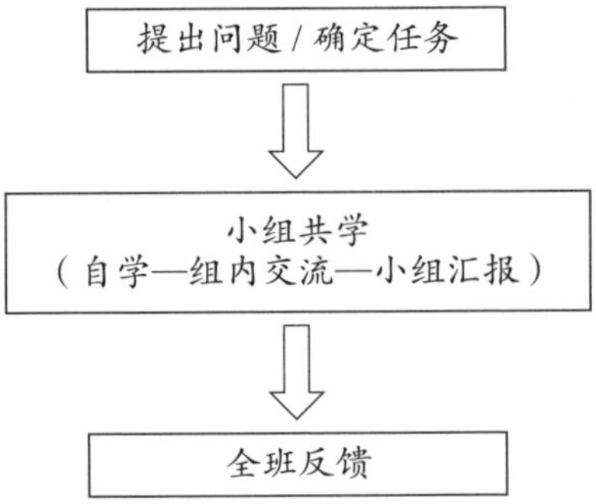

图 3-6　小组合作基本流程图

小组合作，应基于学科教学的基本属性，并结合学科特点、学生的需求。不同学科的小组合作流程会有所不同。

以语文学科为例，围绕学生的预学问题或学习过程中的难点，根据学段特点，科学设置小组合作时间、任务、内容以及汇报要求。根据任务的特点，让学生采取角色扮演、主持讨论、头脑风暴等多种形式展开小组合作。小组反馈时，也会根据学习进度和学习需求采用不同的方式。比如，针对一个问题深入研究，小组的汇报会采用深井积粮的方式，指向深度学习。又如，对一个主题进行多元理解，小组的汇报会采用丰富多样的方式，不断丰富学生对主题的体悟。（语文学科小组合作流程如图 3–7 所示）

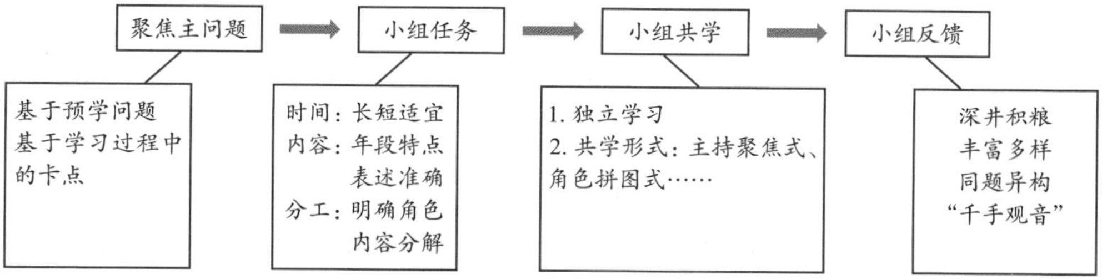

图 3-7　语文学科小组合作流程图

根据学科特点，进一步形成数学、英语的小组合作基本流程（见图 3–8、图 3–9）。

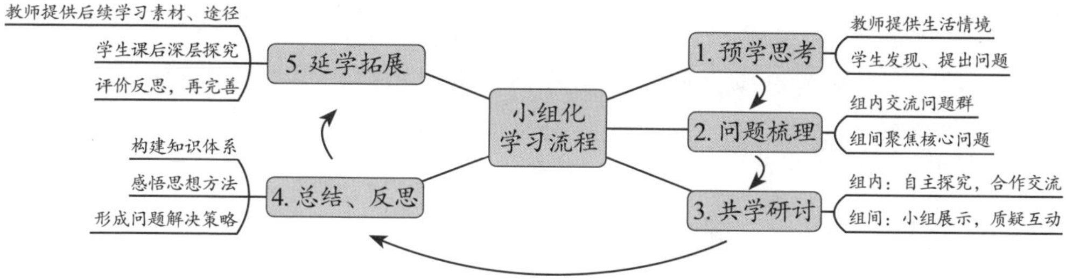

图 3-8　数学学科小组合作流程图

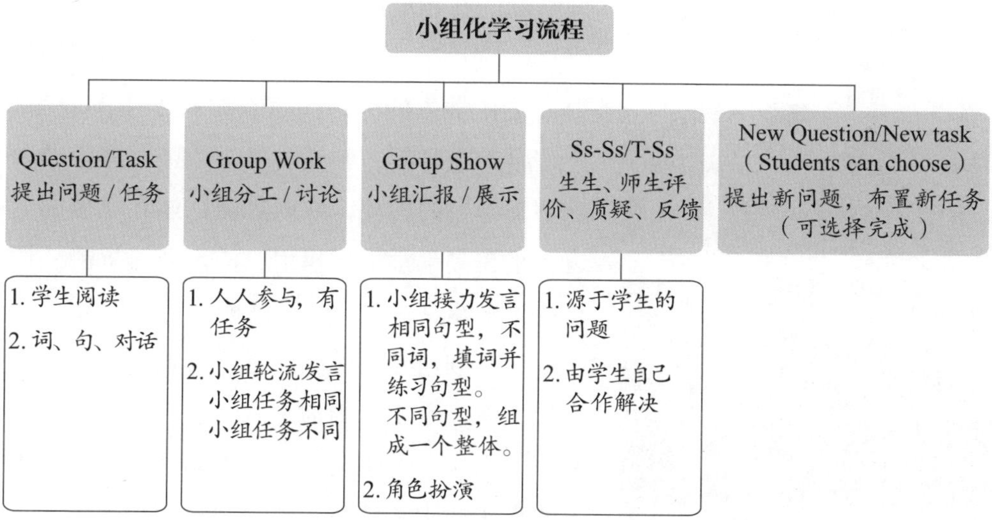

图 3-9　英语学科小组合作流程图

2.个体化学习

学生的学习具有普遍的学习规律和需求，同时因为学生的认知、生活经验、心理期待等不同，在学习时形成了个性化的学习节奏、心理动机以及情感态度。因此，只有关注学生的学习兴趣、学习动机以及学习需求，才能对学生进行精准服务，进行适合的教育，最终让学生在学习中有实际的收获。

（1）分层次设置任务。学生的学习水平存在差异，学习节奏、学习方式不尽相同。要分层次设置任务，让每一个学生都有收获。比如，在作文教学中，因为学生的语言能力水平存在一定的差异，可以设定不同层次的任务标准，如时间长度、写字规范情况、字数等可以有不同的要求。这样既可以保证每个学生都有信心完成任务，又具有针对性，能提高不同水平学生的写作能力。同时，完成得快的、好的学生可以认真修改，打磨语言；完成得慢的、水平低一点儿的学生，可以对其进行面对面指导或个别语句的提示等。比如，对一部分学生布置巩固当天学习内容的作业任务；对学有余力的学生布置迁移、拓展、提升的作业任务。

图 3-10　学生手势语

（2）有针对性的个体引导。在课堂上，根据学生的反馈情况，教师所处的位置一般分三种情况：站在最前面，一般解决全班共性问题或总结提升，以引起学生的重视或提高其注意力；站在学生的旁边，重在倾听学生的发言，并适时给予肯定、补充、提示或鼓励等，教师是学生学习的同伴，共同进退；站在学生的后边，重在鞭策学生，指引方向，及时提醒、调整或给出建议，让学生更好地表达、思考。

（3）利用互动性手势进行反馈。学生是学习的主体，是学习的需求者。在课堂上要充分发挥学生的学习主动性，并准确捕捉到学生学习的真实需求和反馈。课堂上学生用不同的手势表示不同的需求。比如，“问号弯”手势表示学生有问题或不懂的地方求助老师解答；又如，“拇指赞”手势表示对发言者的观点给予赞同、认可、肯定等；再如，“关注闪”手势表示多次没有发言或特别想发表自己的观点，请求老师、同学关注自己等（见图 3–10）。课堂上，老师根据学生的不同手势，判断学生的不同需求，并进行有针对性的反馈和引导。随着师生互动对话的深入，还可以产生各种需求的手势语，比如，上厕所、重复一遍、声音大一点儿、自信一些等都可以形成手势，从而让学生真正成为课堂学习的主人。

（五）课堂保障载体——两个资源包

优质的课堂，需要扎实、丰富、有意义的课程资源作为保障。要让学生们开开心心地学习，并且更想学、更会学，学得有意义，不仅要研究教师的教，更要研究学生的学。清华附小结合学生的实际需求，制定了《质量目标指南》（简称《指南》）和《乐学手册》（简称《手册》）（见图 3–11）。

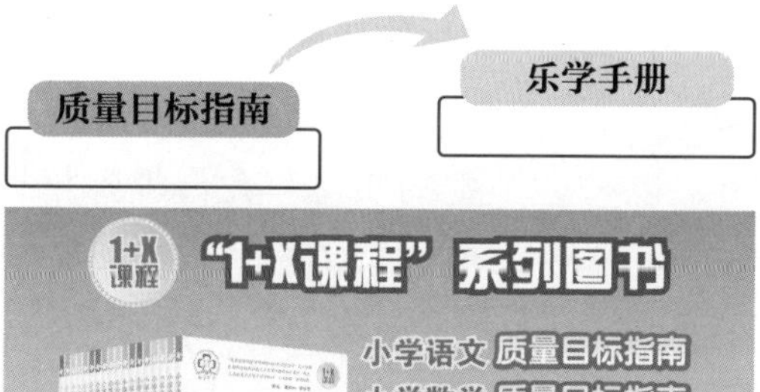

图 3–11 《质量目标指南》和《乐学手册》书影

1.《质量目标指南》

我校以课程标准为规范，开发了各领域的《质量目标指南》（详见本章原始档案二）。这是课程标准校本化、具体化、整合化的一个创新成果，它使得课程的实施有了一个可操作的规定性约束和质量评价依据。

各学科《指南》在学科课程标准的基础上，将成志教育的培养目标进行学科认领和细化。它分为“质量依据”“质量目标”“实施策略”“质量评价”“相关附件”五个部分，对各学科各年级的知识、能力培养目标进行了系统梳理，把小学六年各学科培养方方面面的要求和实施策略呈现给教师，为教师从整体上把握和实施教学提供了非常具体的指导。

以《小学语文质量目标指南》为例，它以“一手好汉字，一副好口才，一篇好文章”（简称“三个一”）为总目标，分为以下组成部分（见图 3–12）。

第一部分，质量依据。援引《义务教育语文课程标准（2011 年版）》当中对该学段、该板块的要求，让它的使用者在进行教学活动之前，明确国家法定语文教学纲领性文件的要求，做到有据可依。

第二部分，质量目标。将《义务教育语文课程标准（2011 年版）》对该板块、该学段的要求，拆分到一个学段所对应的四个学期。这种拆分不是平均分配，而是依据课程标准，首先做到下要保底。为适应社会发展的需要，有些地方的要求略高于教材，以符合学生的实际。允许教师根据学生的情况进行提升，上不封顶。还将《义务教育语文课程标准（2011 年版）》当中比较笼统的要求加以具体化，对课程标准的相关内容进行梳理，让它的使用者对课程标准有清晰的认识。

第三部分，实施策略。没有具体的实施策略，目标永远只能是美好的愿望。为了让使用者不仅知道教到什么程度，而且清楚教什么、怎么教，《小学语文质量目标指南》（简称《指南》）以教材为蓝本，以清华附小业已成型的语文教学经验为补充，提供了一系列落实目标的策略。可以说，“实施策略”部分提供了一系列行之有效的方法、方案和活动，从而搭建起目标与实际之间的桥梁。

第四部分，质量评价。目标是否达成，实施策略是否可行，都需要通过一定的手段进行检测。“质量评价”部分针对目标和策略，列出具体的评价指标和评价标准，起到观察、诊断的作用，使《指南》的使用者可以轻松地进行自评和他评。至于质量如何测评，我们采取的办法是：内容分类，考评分项，将每学期的考试分为“自查”“抽查”“统查”。其中，期末统查采取分项考试的形式，从“积累”“理解”“表达”“运用”几个方面进行检测。当你阅读这部分内容时，你会看到，“三个一”中的每一项质量目标，都会有与之相对应的考查内容，并且配有模拟测评样卷。既能全面考查教师教的水平、学生学的状况，又能缓解每学期学生“一次大考”的压力，注重过程与成长、分项与分享。

第五部分，相关附件。教师们可以自由选择附件，拿来即用。比如，“一手好汉字”中的词语、成语、识字小贴士；“一篇好文章”中推荐的古诗、儿童诗、现代诗、古文等。附件在手，对于目标的落实、策略的使用，就能够怀抱利剑，裹挟风雷。

“一手好汉字”
“一副好口才”
“一篇好文章”

- 质量依据
- 质量目标（年级目标）
- 实施策略（操作方法）
- 质量评价（评价方法）
- 相关附件（课程资源）

图 3-12 《小学语文质量目标指南》结构示例

教师在《质量目标指南》的指导下，对教材的把握更准确，教学设计游刃有余，于是就可以努力呈现容量大、密度高、效果好的课堂。特别是对那些刚刚参加工作的教师，《质量目标指南》是快速进入教师角色，保证教学质量的一条高速路。以语文为例，学生有了《小学语文质量目标指南》，对每一个学期应该掌握多少字词，应该学会哪些阅读方法，应该掌握哪种写作技巧等，能做到心中有数，学习变得主动、自如。《质量目标指南》中详细、清楚的拓展内容，为学生随时积累提供了可能。《质量目标指南》还保证了家长的辅导质量，为家长有效的家庭辅导提供了抓手，避免了盲目与盲从，并在老师、孩子和家长之间搭建起一座桥梁。

2.《乐学手册》

为了让基础课程有一个基本的、校本化的实施蓝本，学校组织教师在努力把握标准要求的基础上，从儿童出发，以《质量目标指南》为依据，从“教本”走向“学本”，打造让儿童乐在其中的对话载体《乐学手册》(见图 3–13)。(详见本章原始档案三)

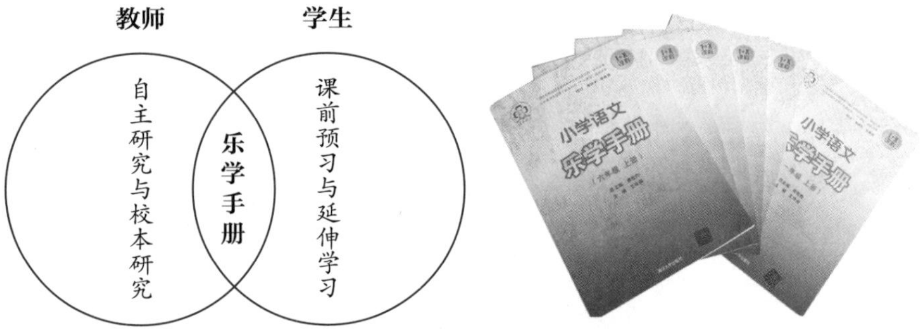

图 3-13　乐学手册示意图

《手册》与《指南》相呼应，通过对各种不同类型的教材进行合理整合，充分吸收各个方面的优秀案例与习题，对教学素材进行精细化加工和整理，进行有益的“教学生态化”探索，努力构建一种良好的学习生态环境。《手册》中的“乐学目标”“乐学单”和“整合专题训练”等为学生提供学、练、测的依据。

其中，“乐学单”契合课堂教学动态“三环节”，分为“预学单（自学单)”“共学单”和“延学单（作业单)”三部分，把课前预习、课中教学和课后作业整合在一起，打通了课前、课中、课后的通道，也打破了课前、课中、课后的严格界限。更有意思的是，《手册》还力求将教材中的规定性知识与学生的个体性经验结合起来，将教师的备课、教学与学生的学习结合起来，这种综合性的设计和安排也是非常符合小学生概念认知与思维发展特点的。

《手册》贯穿学生学习的全过程，以课堂使用为主。其功能体现于“三合一”：它既是教师们备课和做教案用的资源，也是学生的学习任务单，还是学生平时巩固和考试的参照单。《手册》打通了课前、课中、课后的通道，是“学科知识目标体系”《指南》的细化与活化。

这两套实施体系成为清华附小“校本教与学的工具书”，真正与学生的课堂学习产生有效的“化学反应”，能增加学生的实际获得。以它们为载体展开学习，价值性、挑战性、周期性、融合性得以很好体现。

ORIGINAL FILE 原始档案 一

清华附小一日蹲班观察表

清华附小的课堂教学以“四性”（价值性、挑战性、周期性、融合性）为价值追求，以“四推动”（问题驱动、情境调动、工具撬动、平台互动）为动力系统，以“三环节”（预学、共学、延学）为动态流程，从而实现全学科育人。

为落实成志教育的四个取向——价值性、挑战性、周期性、融合性，落实全员、全过程、全方位育人，发挥系统育人效应，我们对学生的一日学校生活进行观察，记录学生的实际获得，为改进班级管理、教育教学提供依据。

表 3-4　一日蹲班观察表

班级		班主任 / 副班主任		观察员	
一、成志课堂（一天课堂可见流程环节）					
科目 / 教师					
节次 / 课题					
观察角度	评价维度	创造性体现			
学习有流程（30%）	预学				
	共学				
	延学				
学习可见收获点（60%）	工具撬动（可见与内隐）				
	情境调动（真实与虚拟）				
	问题驱动（质疑与思辨）				
	平台互动（小组与媒介）				
教师亮点（10%）	师生关系、教学语言及方式等				

（续表）

二、成志少年（一天活动观察点）						
评价维度		关键指标	充分体现	较好体现	有所体现	没有体现
我的学习样态（50%）	倾听	眼睛跟着声音走				
	表达	声音洪亮，在教室里最远的地方也能清晰听到				
	应对	课堂发言覆盖面（全覆盖 / 大多数 / 少数）				
	仪表仪态	学生发言时（身站直、声洪亮、扣问题、表达清）				
		学生写字时（写字做到“三个一”——一拳一尺和一寸，即胸离桌子一拳远，眼离书本一尺远，手离笔尖一寸远）				
		学生读书时（指读：左手扶、右手指；坐读：身坐直、脚放平、书端正、声音亮；站读：端好书、胸前放）				
班级风貌（50%）	班级文化	教室整洁，物品分区域				
		布置美观，有特色				
	班级习惯养成	晨读（准时到、物备齐、书声琅）				
		课间（备学具、勤喝水、上厕所）				
		眼操：闭眼、轻揉、穴位准				
		跑步：不讲话、匀速度、有节奏				
		行进：向前看、队成线、放松走、调呼吸、有秩序				
		就餐：手静、盘静、教室静（净）				
	种子学生跟踪	在班级生活中，学生能得到有针对性的帮助				
	班级风格	围绕“成志教育”，有特色				

《小学语文质量目标指南》（二年级“一手好汉字”节选）

一、质量依据

“一手好汉字”部分的编写，依据《义务教育语文课程标准（2011年版）》“第一学段”对学生的相关要求。

1. 喜欢学习汉字，有主动识字、写字的愿望。

2. 认识常用汉字1600个左右，其中800个左右会写。

3. 掌握汉字的基本笔画和常用的偏旁部首，能按笔顺规则用硬笔写字，注意间架结构。初步感受汉字的形体美。

4. 努力养成良好的写字习惯，写字姿势正确，书写规范、端正、整洁。

5. 学会汉语拼音。能读准声母、韵母、声调和整体认读音节；能准确地拼读音节，正确书写声母、韵母和音节。认识大写字母，熟记《汉语拼音字母表》。

6. 学习独立识字。能借助汉语拼音认读汉字，学会用音序检字法和部首检字法查字典。

二、质量目标

小学阶段，“一手好汉字”的总目标为“正确、规范、美观”。在兼顾这三个目标的基础上，本册侧重“正确”，渗透“规范”。

（一）正确

1.汉语拼音

二年级上册：牢固掌握拼音规则，能用拼音给生字注音。认识汉语拼音大写字母，准确认读对应的大小写字母。

二年级下册：熟练掌握大写字母顺序，正确书写对应的大小写字母，学会用音序检字法查字典。

2.识字

（1）识字量

二年级上册：认识生字400个左右，累计1200个左右。

二年级下册：认识生字400个左右，累计1600个左右。

（注："拓展字词表"见附件二）

（2）多音字

二年级上册：

弹、宁、切、铺、吐、削、载、背、没、倒、转、哪、舍、还、藏、当、传、了、朝、大、长、漂、场。

二年级下册：

哄、钉、斗、数、系、结、觉、强、燕、将、着、扇、似、得、挑、扎、兴、要、难、量、看、中。

（注：学生能在不同的语境中读准字音，会根据多音字不同的含义区别读音并组词）

（3）易错音

二年级上册易错音

大厦（shà）	甚（shèn）至	历史（shǐ）	松鼠（shǔ）	神（shén）州	追逐（zhú）
不算（suàn）	弄（nòng）脏	商量（liang）	成绩（jì）	波（bō）纹	仍（réng）然
脸颊（jiá）	颤（chàn）动	打扰（rǎo）	踮（diǎn）起脚尖		

二年级下册易错音

泥泞（nìng）	哺（bǔ）乳	应（yīng）该	附（fù）近	坚硬（yìng）	结（jiē）果子
骨（gū）碌	逮（dǎi）住	窜（cuàn）过	山寨（zhài）	船舷（xián）	一幢幢（zhuàng）
毽（jiàn）子	塑（sù）料	满载（zài）	心血（xuè）	教诲（huì）	沉甸甸（diàn）
舐（shì）犊之爱		莘（shēn）莘学子		艰苦卓（zhuó）绝	

（4）部首

二年级上册：新学 35 个常用偏旁部首，累计 70 个左右，做到名称熟、字形熟、意义熟、例子熟。

二年级下册：继续学习常用偏旁部首，累计熟练掌握 80 个左右，会分析字形。

3.写字

（1）生字

二年级上册：会写生字 280 个左右，累计 580 个左右。

二年级下册：会写生字 220 个左右，累计 800 个左右。

（2）词语

学生应会写由生字组成的词语。

（二）规范

1.识字

（1）指导学生继续巩固已学的识字方法（看、听、拼、问、查、猜），熟练掌握看上下文猜字、部首查字法和利用形声字的特点（利用声旁猜字音，利用形旁理解字义）识字。

（2）对不认识的字，指导学生主动地运用音序检字法和部首检字法查字典独立解决。

2.写字

（1）指导学生按笔顺规则书写，注意间架结构的合理安排，字迹清晰，尽量少用橡皮。学生的错字率应低于 4%。

（2）指导学生继续学习用铅笔写字，写字速度至少能达到每分钟 9 个字。

（三）美观

帮助学生养成认真书写的习惯。学生应尽量把每一个字写得正确、规范，做到横平、竖直、点顿、撇有尖、捺出脚，结构基本协调，字体稳定，字的各部分大小合适。学生要初步把握合体字各部件的大致比例，注意每个部分的宽窄、高低。

三、实施策略

（一）正确

1.识字

（1）随文识字：指导学生结合课文的具体语言环境识字，做到字不离词、词不离句、句不离文。

（2）看拼音：指导学生准确掌握拼音规则，较熟练地借助拼音独立识字，读准字音。

（3）查字典：指导学生初步学习用音序检字法和部首检字法查找不认识的字，读准字音，根据要表达的意思选择正确的字。

（4）编故事：指导学生结合形近字的特点编故事，区分字形、字义。

（5）小魔术：指导学生通过加部首、减部首、换部首将一个字变成新字。

（6）字理识字：通过对象形、指事、会意、形声、转注、假借等造字法进行分析，引导学生运用直观、联想等手段识记字形，牢固建立字的音、形、义之间的联系。

（7）玩游戏：常用的游戏有开火车、接龙、摘苹果、猜字、排字、悄悄话等。

（8）建立自主识字本：学生准备“自主识字本”，随时记录、剪贴新认识的生字，利用多种机会交流展示。

（9）在课外阅读中识字：鼓励学生进行多种形式的课外阅读，如浅显的儿歌、童谣、古诗、童话、寓言、故事等都是学生识字的好材料。

（10）在说话、写话中识字。

①教师（或师生一起）将生字创编到具体的句子中进行朗读，让学生感受生字在多种语境中的含义。

②引导学生用所学会的字（不会写的字可用图画代替，或通过其他方法解决）写简单的日记。

2.写字

（1）指导学生掌握基本笔画的名称和写法，以及它们在字中的搭配关系。

（2）帮助学生基本掌握生字的笔顺和写法，以及笔顺的基本规律。

（3）指导学生用正确的姿势书写。如果学生还不能一直保持姿势规范，教师或家长可每隔五六分钟提醒一次，从而使学生形成正确的写字姿势，养成良好的书写习惯。

①坐姿：头要正，身坐直，肩要平，纸放正。手离笔尖一寸远（3 厘米左右），眼离纸张一尺远（33—35 厘米），身离桌边一拳远（10 厘米左右）。

②握笔：手腕平伸，拇指、食指、中指握笔，食指较拇指略低，笔与纸面成 45 度角，掌心呈圆而虚空状，保持良好的写字姿势 4 分钟以上。这里有一个关于握笔姿势的顺口溜："拇指食指捏着，三指四指托着，小指在后藏着，笔尖向前斜着，笔杆向后躺着。"

（4）帮学生选择高度适宜的桌椅写字，书桌高度以到上腹部附近为宜。光照明暗适度，不宜过暗或过强。小学阶段，连续写字时间不能过长，应控制在 30—40 分钟。中间要放松眼睛，做眼保健操或闭目养神，也可向远处眺望。

（二）规范

1.看

（1）指导学生认真观察字的结构及每一部分在田字格中的位置。

（2）指导学生关注重点笔画的形态、位置。

2.说

（1）学生能够说清字的结构、主笔及每个部分的宽窄、高低。

（2）学生能够说清书写时应注意的要点。

（3）学生能够准确地评价同学的书写。

3.写

（1）指导学生观察范字，按照要求正确地书写。

（2）指导学生把握合体字各部分的大致比例，做到笔画工整、规范、到位。

（3）告诉学生笔画多的字要写得紧凑一些，笔画少的字要写得松阔一些。重心要平稳，结构要基本协调。

（三）美观

1.笔画

（1）横

横画可以分为长横和短横两种。横画大部分左稍低右稍高，不是平的。横的书写要领是：起笔重——行笔轻——收笔重。

（2）竖

竖画要写垂直，因为竖画在一个字中往往起着关键的支撑作用，竖不垂直，则字不正。竖有垂露竖、悬针竖和短竖之分。

垂露竖的写法是，下笔稍重，行笔垂直向下较轻，收笔稍重。

悬针竖的写法同垂露竖，只是收笔时由重到轻，出锋收笔，笔画出尖。

短竖的写法同垂露竖，只是笔画较短，短竖要写得短粗有力。

（3）撇

撇画在一个字中很有装饰性，如能写得自然舒展，会增加字的美感，有时还与捺画相对称起着平衡和稳定重心的作用。撇有斜撇、竖撇、短撇之分。

斜撇的写法是，下笔稍重，由重到轻向左下行笔，收笔要出尖。

竖撇，下笔稍重，由重到轻向下行笔，行至撇的长度大半部分处，向左下撇出，收笔时出尖。

短撇的写法同斜撇，只是笔画较短。

（4）捺

捺画粗细分明，书写难度较大。捺有斜捺和平捺之分。

斜捺，下笔较轻（轻落笔），向右下由轻到重行笔，行至捺脚处重按笔，然后向右水平方向由重到轻提笔拖出，收笔要出尖。

平捺的写法同斜捺，但下笔时先要写一小短横，然后再向右下（略平一些）方向行笔。

（5）点

点画在一个字中就如同人的眼睛一样重要，是一个字的精神体现。点画有右点、左点、竖点和长点之分。

右点，轻下笔，由轻到重向右下行笔，稍按后即收笔，不能重描，一次成画。写点这个笔画关键要有行笔过程，万不可笔尖一着纸就收笔。

左点的写法基本同右点，但行笔方向往下略向左偏一些，收笔时要顿笔。

长点是在右点的基础上变长，行笔应慢一些。

（6）提

提画写法是，下笔较重，由重到轻向右上行笔，收笔要出尖。提画在不同的字中角度和长短略有不同，书写时应该注意区别。

（7）横折、横折钩

横折：下笔从左到右写横，到折处稍顿笔再折笔向下写竖。注意横要平，竖要直，折要一笔写成，中间不可间断。折处不能写成“尖角”，也不能顿笔过大，形成“两个角”。

横折钩：下笔写短横，略顿笔后折向下，有时稍稍向左倾斜一点儿，到起钩处略顿笔后向左上方钩出，一笔写成。

（8）竖弯、竖弯钩

竖弯：下笔写短竖，再圆转向右水平方向写短横，收笔稍重。

竖弯钩：在竖弯的基础上，收笔时向上方钩出，笔画比竖弯要长一些。

2. 结构

（1）横平竖直

汉字中，横画和竖画占的比重最大，要求写得正、写得稳。正和稳的具体表现就是横要平，竖要直。这里所讲的“横平”，不是绝对的水平，而是视觉上的平稳，书写时略呈左低右高的斜势。“竖直”有两种基本要求：只有单一的竖画，要求正且直；有对称的两竖画，是短竖的，可以呈上开下合之势，是长竖的，可以基本并行。

（2）间距匀称

在汉字中，有许多笔画是连续平行排列的，一画与一画之间的距离要保持均匀，不能忽大忽小、忽紧忽松。如“曹”字，有七个横画，横画的间隔就要均匀。

（3）主次有别

“主次有别”有两方面的意思。一是突出主笔。一个字中往往有一笔是主要的。一般来讲，主笔所处的部位往往是字的顶盖、横腰、底托或垂中线。突出了这一笔，字就显得平稳，富有神采。如“鱼”字，最后一横是主笔，书写时就要写得长一点儿。二是突出主体。一个字由两个或几个部分合并而成的，其中有一部分处于主导部位，其他部分则要收缩、容让，这样才能突出重点，稳定字形。如“眼”字，“艮”是全字的主体，而“目”旁就要写得紧缩。

四、质量评价

表 3-5　关于“写字”的评价标准（第一学段）

评价内容	评价标准		评价等级			
			优	良	达标	待达标
正确	体态	头正、脚平、身直。				
	位置	本子居中，放平放正，左手扶本（纸），右手执笔。				
	距离	一拳、一尺、一寸。				
规范	执笔	手腕平伸，拇指、食指、中指握笔，食指较拇指略低。（拇指食指捏着，三指四指托着，小指在后藏着，笔尖向前斜着，笔杆向后躺着）				
	角度	笔与纸面成 45 度角，掌心呈圆而虚空状。				
美观	整洁	书写整洁认真，字迹工整，用铅笔写字时尽量少用橡皮。				
	大小	字大小适中，写字时上留天、下留地、左右留空隙。				
总评成绩						

在日常的教学中，教师可依据表格中的评价项目，针对学生“一手好汉字”质量目标的达成情况，开展过程性评价。

教师可有针对性地观察并记录每一个学生写字的情况，根据其各方面的具体表现，给出相应的评价；在期末，综合学生的日常表现和考试情况，给出最终的总评成绩。

五、相关附件

附件一：基础字词表（略）

附件二：拓展字词表（略）

附件三：课外词语表（略）

附件四：识字小窍门（略）

附件五：常用字字理（略）

附件六：写字小故事（略）

附件七：书法小讲堂（略）

《小学数学乐学手册》（“数松果”节选）

【乐学目标】

掌握：掌握 5 的乘法口诀。

运用：运用 5 的乘法口诀进行乘法计算，并解决生活中的实际问题。

学习重点：巩固乘法意义，探讨 5 的乘法口诀。

学习难点：运用 5 的乘法口诀进行乘法计算。

共学单

（一）复习热身操

1.说一说

5 是一个很神奇的数字，中国人很喜欢在成语中加入 5 这个数字，你能找到吗？和你的同学说说。

全班展示（略）。

2.想一想

共有多少个成语呢？有什么好办法能使大家一眼看出来有多少个呢？

（二）知识对对碰

1.理一理

从零散的成语卡片，到直接画 5 个方框，在这个过程中，数起来简便了吗？为什么简便？

2.整理口诀

一排一排地数的同时，整理乘法算式和口诀。

1 个 5	列式：$1\times5=\underline{5}$	一五得五
2 个 5	列式：$2\times5=\underline{10}$	二五一十
3 个 5	列式：$3\times5=\underline{15}$	三五十五
4 个 5	列式：$4\times5=$	四五（　　）
5 个 5	列式：$5\times5=$	五五（　　）
6 个 5	列式：$5\times6=$	五六（　　）
7 个 5	列式：$5\times7=$	五七（　　）
8 个 5	列式：$5\times8=$	五八（　　）
9 个 5	列式：$5\times9=$	五九（　　）

3.找规律

你能说一说这些算式表示的意义和算法吗？

看着这些算式，你发现什么规律了吗？

思考：怎样利用发现的规律帮助我们记住这些算式和得数？

延学单

看看你能摘走几颗星星，加油哦！

☆ 1. 看口诀写算式。

三五十五

五九四十五

五六三十

☆ 2. 算一算。

$6\times5=$	$1\times5=$	$9\times5=$	$5\times2=$
$4\times5=$	$5\times3=$	$5\times8=$	$7\times5=$

☆ 3.（1）一共有多少个气球？

□○□＝□（个）

（2）一共有多少个蘑菇？

□○□＝□（个）

☆ 4.

☆ 5. 在○里填上“+”“－”或“×”，使等式成立。

（1） 5 ○ 5 ○ 5=15　　（2） 5 ○ 5 ○ 5=5　　（3） 5 ○ 5 ○ 5 ○ 5=10

☆ 6. 如果你有 20 元钱，请你设计购买下面至少两种物品（个数不限），怎样购买不用找钱？

牙刷	肥皂	牙膏	跳绳
2 元	3 元	4 元	5 元

方案一：

方案二：

《小学英语乐学手册》（“Unit 1 THE ENGLISH LETTERS”节选）

乐 学 单 元

【乐学引言】

亲爱的同学们，祝贺你们成为二年级的小学生！进入二年级，我们将用英语做更多的事情，表达更多的想法。

经过一年的英语学习，我们将由听说输入阶段进入听说领先、读写跟上阶段。其中，写的基础是什么呢？就是 26 个英文字母。相信通过这个阶段更加努力、更加认真的学习，同学们一定能写出一手漂亮的英文，同时在“听、说、读、写”上你们也会有全面的发展和提高。那还等什么呢，让我们快快走进 26 个字母的王国吧！

【乐学目标】

在本单元里你将挑战以下 5 个目标。

1. 能正确认读和书写 26 个字母的大、小写形式。
2. 能听懂、会说并认读本单元的词汇和句型。
3. 能用正确的语音、语调朗读本单元的所有句型。
4. 能用本单元所学的词句进行简单的对话。
5. 能有感情地演唱本单元的歌曲。

【乐学要点】

词汇和句型（注：画线部分为可替换内容）

Lesson 1

词汇：

A a	B b	C c
apple 苹果	bag 包，袋	cat 猫

句型：

1. A is for apple.	苹果的首字母是 a。
2. B is for bird.	鸟的首字母是 b。
3. C is for cat.	猫的首字母是 c。
4. What do you want?	你想要什么？
5. I want the apple.	我想要苹果。
6. I can say my ABCs.	我会说英文字母了。

……

Free Talk 课前演讲例文（注：画线部分为可替换内容）

My English Letters

Hello. My name is Mary. I know letter A. A is for apple. My mother wants an apple everyday. I know letter B. B is for bag. I have a bag. I know letter C. C is for cat. The cat wants some milk.

【乐学课堂】

课时安排：共 9 课时。

新课学习：6 课时（Lesson 1—Lesson 6）。

单元复习课：1 课时；单元口试：1 课时；单元笔试：1 课时。

【乐学评价】

注：完成本单元学习后，请同学们做自我评价，五颗星最好。

表 3-6　学生自我评价表

我能够正确认读并书写 26 个英语字母的大、小写形式。	
我能够听懂、认读、理解“乐学要点”中的词汇和句子。	
我喜欢听课文录音并反复跟读直至熟练、准确。	
我喜欢演唱本单元的歌曲。	
我喜欢和同学合作，参加小组活动。	
我喜欢阅读英文课外读物和学习英文视听材料。	
我认真完成了本单元的作业。	
我要更加努力的地方：	

乐 学 单

Lesson 1

1. Free talk: English letters (1 minute).

2. Listen and circle.

(1)

(2)

(3)

(4)

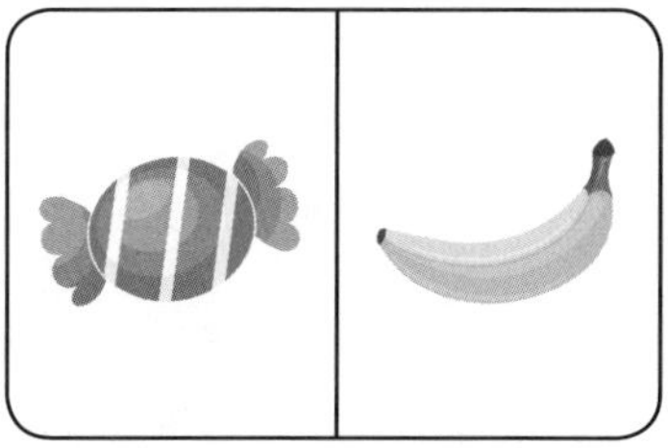

3. Read and match.

A. 

B. 

C. 

D. 

(1) A is for apple.

(2) I want the candy.

(3) C is for cat.

(4) I want the bag.

……

第四章

成志教育路径：
“1+X课程”活动涵育

活动涵育构建儿童第二重生活。学生全身心投入，深度激活兴趣。学生在活动中自主学习和跨界学习，形成体验人生、关注社会、解决问题、实践能力和创新精神的动态系统，最终形成价值体认。活动涵育通过提供实践场域，为学生价值体认、责任担当、问题解决、创意物化提供丰富的路径。活动涵育是慢的艺术，重视体验、熏陶，又是有培养目标的艺术，并非漫无目的的体验。学科与活动一道形成“1+X 课程”的两大基石，从而实现整体学习的意义。

一、全体验活动涵育校本化六大主题教育目标

（一）活动涵育的内涵

涵育，在活动中不知不觉地渗透、浸润，用儿童喜闻乐见的、生动活泼的形式，从儿童的兴趣、需要、情感出发，让儿童去体验、去感受，它可能在未来“发酵”，产生化学反应。

通过实践活动涵养化育：涵养学生协商互让、分享合作、积极进取等良好的个性品质；涵养其发现问题、解决问题的能力；涵养其对自然、社会、自我的整体认识，发展对自然的关爱和对社会、对自我的责任感。总之，活动涵育就是学生在活动中自主学习和跨界学习，形成体验人生、关注社会、解决问题、实践能力和创新精神的动态系统，最终形成发展动力和实现价值体认（见图 4–1）。

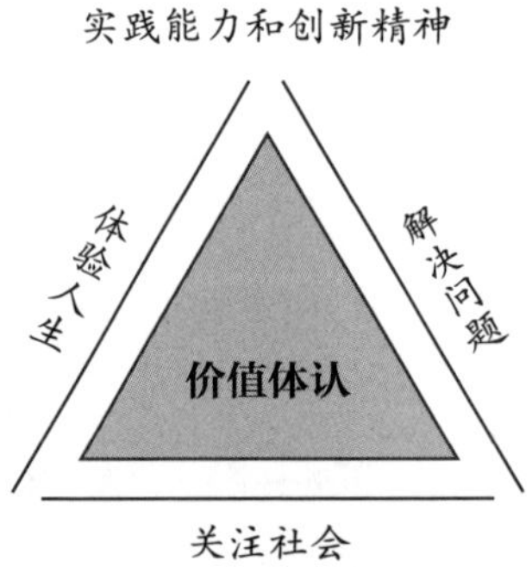

图 4-1　活动涵育的内涵

清华附小的活动涵育通过提供实践场域，为学生价值体认、责任担当、问题解决、创意物化提供丰富的路径，形成文化考察、公益服务、创意创新、情境体验四类主题实践活动，并通过每年 12 个主题月加以凸显，让学校育人主题在实践中得到落实，从而实现成志教育的素养目标。

（二）活动涵育的目标

清华附小依据《中小学德育工作指南》的要求，结合学校成志教育学生发展素养目标，确定了“启程—知行—修远”学段进阶主题活动涵育目标（见表 4–1），即“言行得体、协商互让、诚实守信、自律自强、勇于担当、尊重感恩”，它们贯穿于小学六年全学段。

表 4-1 活动涵育目标

<table>
<tr><th rowspan="2">学段</th><th colspan="5">年龄特点</th><th rowspan="2">发展定位</th><th colspan="2">活动涵育</th></tr>
<tr><th>认知</th><th>情感</th><th>行为</th><th>交往</th><th>评价</th><th>目标</th><th>解读</th></tr>
<tr><td rowspan="2">低学段（启程学段）</td><td rowspan="2">对不同场合文明礼貌的要求认识不足。</td><td rowspan="2">情感直露，自我控制能力比较差，容易受他人的影响与暗示，进而产生不自觉的模仿行为。有着独立的愿望。</td><td rowspan="2">活泼好动，但行为的依赖性较强，有着独立的愿望。</td><td rowspan="2">喜欢交朋友，朋友关系很不稳定。</td><td rowspan="2">自我评价，家长、老师参与。</td><td rowspan="2">基础牢</td><td>言行得体</td><td>言行举止是一切道德行为的前提。其一，走路右行，轻声慢步，抬头挺胸，仪态端庄，落落大方。其二，遇到他人尤其是师长，要主动微笑并鞠躬问好；遇到他人咨询时积极回应，讨论事情时善于倾听，欣赏他人；表达时礼貌真诚、温文尔雅；学会与他人相处，和而不同。其三，遵守公共秩序，爱护花草树木，懂得环保，勤俭节约，让自己的言谈举止给他人留下美好印象。</td></tr>
<tr><td>协商互让</td><td>“老吾老以及人之老，幼吾幼以及人之幼。”其一，拥有开放的态度、包容的胸怀，懂得在任何组织中都应相互学习、彼此体谅，个人只是团队的一部分，在团队需要时，应具有服从、奉献精神。其二，在与同伴学习交往中，有分歧能协商，互礼让、轻私利、重友谊，有荣誉同分享，存小异求大同。其三，遇到不满意或不顺心的事时，学会换位思考，主动与他人沟通交流，学会忍耐与谦让。</td></tr>
</table>

（续表）

学段	年龄特点					发展定位	活动涵育	
	认知	情感	行为	交往	评价		目标	解读
中学段（知行学段）	对不同场合文明礼貌的要求有了一定的认知。	进入少年期，出现强烈要求独立和摆脱成人控制的欲望，由于生活经验不足，他们的情绪很不稳定，自我调节能力很差。	随着年龄的增长，他们对外部控制的依赖性逐渐减弱，表现出明显的独立性，但其内部的自控能力又尚未发展起来，还不能有效地调节和控制自己的日常行为。	喜欢与同伴游戏、学习，对友谊有一定的认识，但有明显的功利性，相互关系不稳定，会为一点儿小事而红脸。	自己独立评价。	腰杆硬	诚实守信	不信不立，不诚不行。其一，忠诚于自己的祖国、学校、班级和家庭。其二，与人交往真心，待人接物真诚，学习与做事踏踏实实，不投机取巧，有错误虚心改。其三，信守承诺，守时守信；说话与交往，言行一致，表里如一。
							自律自强	人无志则不立。其一，遵守学校及社会规则，学会在不满或生气时自我控制；勤锻炼、意志强，遇到危险时能自我保护。其二，热爱劳动，今日事今日毕，家务活主动做、学会做，自己的事能自理，掌握生活小技能。有效管理自己的学习与生活。其三，勤俭节约，不浪费，零花钱能自管，会管理时间不拖延。努力实现从他律到自律，学会自我管理和自我约束。
高学段（修远学段）	对文明礼貌的了解，不仅来自老师、家长的要求，也源于学生自身的主动学习。这时学生的求知欲更强了。	各种日常行为很容易受情绪影响或支配。对人对事都极为敏感。开始关注异性同学。	自我意识和自主意识增强。	朋友间的交往有了一定的稳定性。认为朋友间可以倾诉秘密、互相帮助、互相分享。朋友间要相互信任、相互忠诚。	从对自己表面行为的认识、评价转向对自己内心世界更深入的评价。开始独立进行自我评价。	起点高	勇于担当	“苟利国家生死以，岂因祸福避趋之。”勇于面对困难、敢于担当责任的人是最值得信赖的人。其一，无条件地热爱祖国、拥护和平，讲正义，有正气，明事理，晓是非。其二，做事有责任心，对自己的言行负责，尽全力做有益于他人与社会的事。其三，在困难与考验面前，敢于承担，乐于为他人排忧解难，遇到不良现象能智慧、勇敢地面对。
							尊重感恩	“谁言寸草心，报得三春晖。”感恩是回馈世界的歌声。其一，尊重父母、家人、教师、长者以及不同职业与职位的人，晓伦理、守规矩，见面要行鞠躬礼，学会把微笑挂在脸上，把感谢、赞美挂在嘴边。其二，学会爱自己、爱别人、爱周围的世界，懂得相互扶持与鼓励。其三，珍惜学习和做事的机会，铭记曾经帮助过自己的人，以感恩的心回报他人与社会。

二、全体验活动涵育的操作载体及流程

（一）活动涵育的操作载体

为了更加科学有效地开展活动，我校开发了系列配套的《成志少年实践活动实施纲要》《成志少年实践活动目标指南》（见图 4–2）以及《主题实践活动课程手册》，明确了活动涵育的原则。

以实践能力为导向。着力达成学生的成志目标，特别是培养学生的社会责任感、创新精神和实践能力，以适应快速变化的社会生活、职业世界和个人自主发展的需要，迎接信息时代和知识社会的挑战。

把学习与生活联系起来。学生的日常生活、社会生活或与大自然的接触，要指向活动主题，要让学生获得关于自我、社会、自然的真实体验，把学习与生活有机联系在一起。

在开放中生成。鼓励学生从自身成长需要出发，选择活动主题，主动参与并亲身经历实践过程，体验并践行价值信念。在教师的指导下，学生可根据实际需要，对活动的目标与内容、组织与方法、过程与步骤等做出动态调整，使活动不断深化。

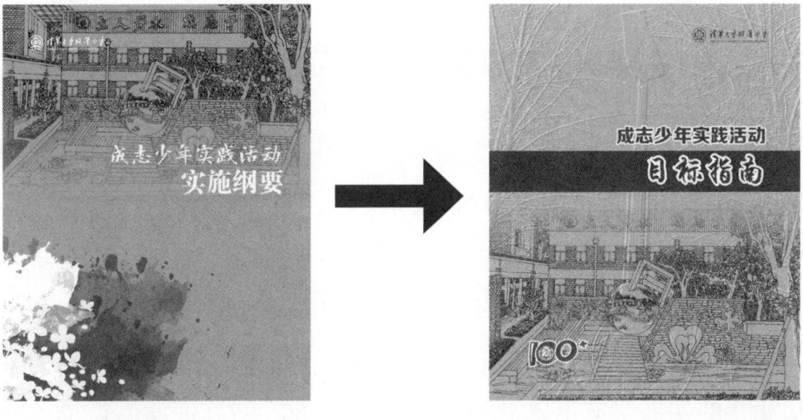

图 4–2 《成志少年实践活动实施纲要》和《成志少年实践活动目标指南》

（二）活动涵育的操作流程

为了保持活动的热度，增加学生参与活动的实际获得，教师需要对活动全过程进行引导调整、激励跟进等。一般来说，活动涵育的操作流程是：设计与预热、组织与养成、延伸与分享（见图 4–3）。这个操作流程并不是僵化的，可以根据需要适当调整。

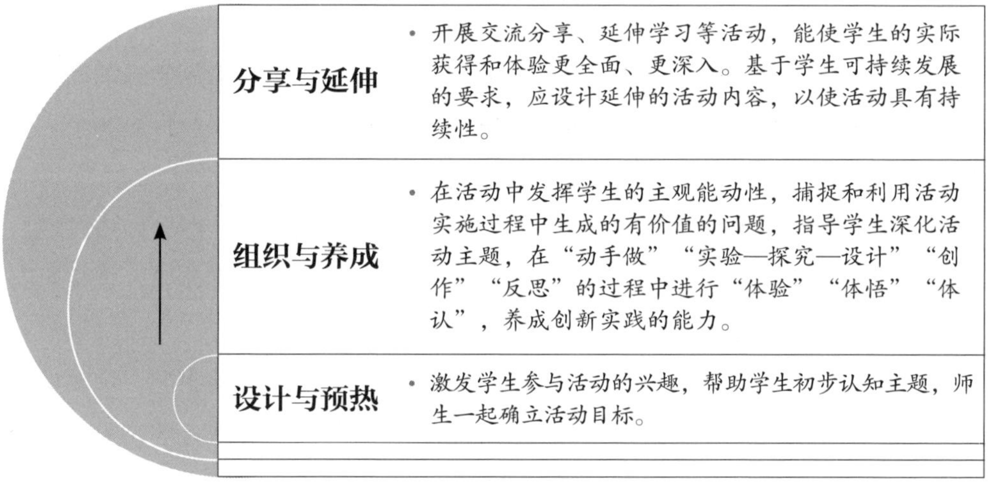

图 4-3　活动涵育的操作流程

三、全体验活动涵育的实践形式

根据儿童的需要和兴趣来设计活动课程，教师和学生共同确立目标，拟定要查阅的资料，安排评定事宜等，在活动实施过程中把重点放在问题的解决上。因此，在活动过程中，教师不是一个权威者或领导者，而是一个合作者和指导者。问题、兴趣、体验、探究是活动涵育不可缺少的核心要素。

活动涵育的实践形式有文化考察、公益服务、创意创新、情境体验等，以此让学生实现成志价值体悟与自我价值塑造。

（一）文化考察式主题实践活动

这是指从价值主题出发，为满足儿童成志的需要，以考察形式为主的实践活动。理想、信念是成志育人价值引领的重要载体。一个人只有拥有理想、信念，才会为志向拼搏，才可能成就自我。一个人的精神发育需要理想的督促、信念的引领。

文化考察式主题活动立足课堂，从教学出发，以教材为蓝本，针对不同学段学生的身心发展特点，抓准学生成长中最重要的卡点，将中华优秀传统文化视为价值取向，设立了贴近学生需求的成志目标。学生在成志目标的指引下对社会、对世界进行系统观察、研究和体验。这不仅能促进学生社会化的成长，增强其对现实生活的体验，更在实践活动中帮助学生树立了远大志向，从而增强学生的社会责任感（具体实践过程见本章原始档案一）。

1.学段分层，各有侧重

根据每一个学段甚至是每一个年级学生的身心发展特点，我们设置了有梯度、各有侧重的主题实践活动。每个学期清华附小的所有年级都会进行一次主题实践活动。

2.内容分类，各有特点

针对每个学段的侧重点，在前期规划、实践过程与后期总结中，将文化考察式主题实践活动的具体内容进行分类（见表 4–2）。细化活动流程，增强每一个环节的教育性，从而保证每次实践活动都能达到预期的目的，加深学生对中国优秀文化、社会主义核心价值观的体认，让学生逐步由自然人向社会人过渡。

表 4-2 文化考察式主题实践活动内容分类

学段	主题	内容	目的
低学段	“百年童心，百年成志”	参观校史馆，了解百年校史、清华风物、清华成志榜样。	感悟刚毅坚卓的精神，知道“选择了清华，就选择了一生的责任”。
中学段	“知国史，育志向”	进行清华园、圆明园、颐和园“三园”实践体验。	学习中国历史，树立报效祖国的远大志向。
高学段	“寻红色记忆，探改革之路”	进行红色革命根据地和改革前沿城市的研学探究。	了解党的光荣革命传统和社会主义先进文化，增强民族自豪感，感受肩上的重任。

3.课程手册，工具撬动

为了让每次实践活动都具有教育性，让学生能够真正在实践过程中获得强烈、真实的价值体认，提高其实践能力，每一次文化考察都从儿童的成志目标出发，精心设计课程手册，在知识与学生的实际生活之间架起桥梁，实现教育的有序衔接。

（二）公益服务式主题实践活动

拥有理想、信念很重要，但更重要的是为之奋斗，要有实际付出。在成志教育中，勇于担当是培养学生素养的主题之一，它既是精神价值取向，也是策略行动指南。幸福是奋斗出来的，且奋斗本身就是幸福。让学生在公益服务的氛围里理解做到就是得到，在关键事件中磨炼意志，感受勇于担当的使命感与荣誉感，在成志教育的过程中，形成自己的理想、信念，立志为社会做出应有的贡献。

“选择了清华，就选择了一生的责任”。百年清华附小一直发挥着价值引领、课程引领和公益服务引领的作用。让每一位学生拥有公益情怀，拥有服务和奉献社会的公益精神，拥有振兴中华的社会责任感、使命感，这是成志教育的目标之一。立足学校、班级及社区三个维度，清华附小形成了长期、全面、有针对性的公益实践体系。学生通过全面的公益服务式主题实践活动，比如，扶贫助残、环保公益、教育公益等多种经典活动，将公益精神内化于心、外化于行，真正成为有责任、有担当的成志少年（具体实践活动见本章原始档案二）。

1.让公益成为一种传统

让学生在公益服务活动中体悟社会责任，增强社会责任感，努力实现从自然人向社会人的角色转化。为此，学校每年会定期组织图书义卖（如图 4–4）、“大手拉小手”、共读一本书、捐赠冬衣、少数民族进校园等公益服务活动。清华附小的公益传统一直在延续。

图 4-4　图书义卖会

2.让公益成为一种文化

（1）在班级里形成公益文化氛围。

除学校层面的集体公益服务式实践活动外，清华附小做到了“班班有公益，人人齐参与”，这已经成为清华附小的传统之一。学校各年级学生根据自身的特点与实际情况，参加了各种各样的班级公益活动。例如，为社区居民送春联、送祝福，去孤儿院看望小朋友，去敬老院陪爷爷奶奶过春节（如图 4–5），去特殊学校探望儿童，捐建图书馆，为贫困地区组织募捐活动……以 2017—2018 学年度寒假为例，学校参与公益活动的有 47 个班，近 2000 名同学。清华附小学生的具有天下情怀的综合素养得以体现。

图 4-5　学生在敬老院公益慰问

（2）关键事件成就班级建设。

在“班班有公益，人人齐参与”的良好氛围下，每个班级都形成了具有特色的公益文化。在公益实践活动中，关键事件成就了一个班级的公益文化建设，能促进班集体健康发展。

以清华附小 2014 级（1）班为例，每个寒暑假班级至少进行一次主题公益活动，每位学生都是“志愿北京”的志愿者，每位学生每月与远方的笔友通信，至少分享一本书，在成长的道路上他们一直与公益相伴。回顾2014级（1）班的公益历程，其公益活动的半径在不断扩大：从清华大学到甘肃、内蒙古；从力所能及的清理卫生到做清华义务导游员；从手工作品义卖到温暖水杯捐赠；尤其是与内蒙古南台子小学的手拉手共建公益活动（如图4–6），从最初的捐冬衣、送对联到远赴内蒙古互学互动，从互赠图书到两地共读鲁迅经典。2013级（6）班也是如此，他们的公益活动“献爱心，为山区孩子助力”已经坚持三年了。在与希望工程取得联系后，班级学生合力捐助了甘肃省的5名贫困小学生。现在，这5名学生已经顺利升入四年级了。相关的费用并非学生从父母手中得到，而是在每年夏天最热的时候，他们通过为清华的游客提供消暑饮品辛苦得来的。学生在高温下要进行整整8个小时的户外工作。每一次义卖都要销售至少800瓶矿泉水、900根冰棍儿、1000杯冰镇饮料、100袋酸奶。学生人均销售饮料50份以上，能为5名贫困儿童筹足整整一年的学费。在公益活动中，学生了解了公益背后真正的精神，也更加深刻地理解了立志、承志与弘志。

图4-6　2014级（1）班拉手赤峰南台子小学

公益服务式实践活动不仅能锻炼学生的能力，更能升华其精神，是成志教育立志的最佳指引。清华附小的办学使命是“为聪慧与高尚的人生奠基”，公益活动不是高高在上的施舍，不是为完成行政命令而作秀，它是基于朴素愿望的双赢，有利于学生提升自我，实现“助人自助”。就如鲁迅先生所说，无尽的远方，无数的人们，都与我有关。公益精神与天下情怀体现了一种社会责任感、以利他为目的的高尚精神。学生都是社会人，公益之旅就是学生的精神修炼之旅。

（三）创意创新式主题实践活动

成志教育面向未来，目标是为培养担当民族复兴大任的时代新人，为未来社会的发展注入新力量。

创意创新式主题实践活动（见图 4–7）以学生的兴趣为出发点，引导学生付诸实践，培养终身发展的志趣。学校通过“振宁童创头脑风暴”“振宁实践坊”等，激发儿童的创造兴趣，培养学生的创新能力；通过“水木秀场”“智能编程秀”等，增强学生的社会责任意识（具体实践活动见本章原始档案三）。

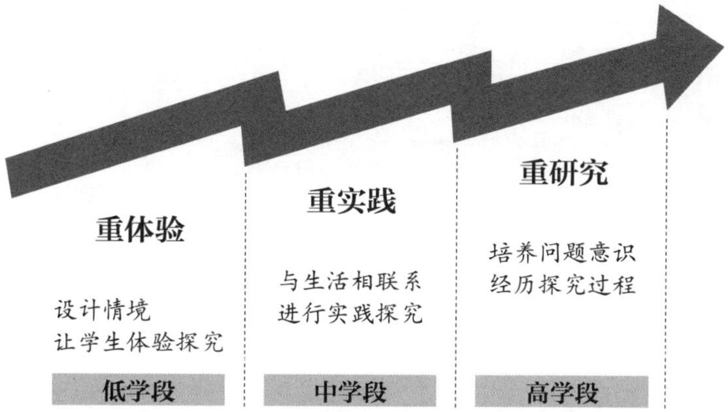

图 4–7　创意创新式主题实践活动结构图

1.学生在教师指导下开展“振宁童创头脑风暴”

“振宁童创头脑风暴”是小课题研究的一种。清华附小的学生从一年级到六年级，每学期都会自主选择学科，自由组合课题小组，全员参加主题式小课题研究。从问题到课题，从学科教学到成志育人，清华附小实实在在地培养学生的创意思维与动手制作能力。小课题研究，就是要让学生成为问题的发现者、探索者、研究者，获得不一样的体验，并在体验中思考、解决问题。

在小课题研究过程中，教师有意识地引导学生经历提出问题、做出假设、实践研究、撰写报告、汇报答辩的过程，从而提高学生的思维能力、实践创新能力。自 2012 年以来，在教师的指导下，各年级学生共开展小课题研究 2600 多项，涉及国家基础课程中的语文、数学、科学等多个学科，甚至涉及学生感兴趣的环境、生物、天文等领域。小课题研究促使学生结合各学科知识和方法进行创新思考，体现出学生关注现实问题的责任担当。（2012—2017 年学生小课题实践研究数据如图 4–8 所示）

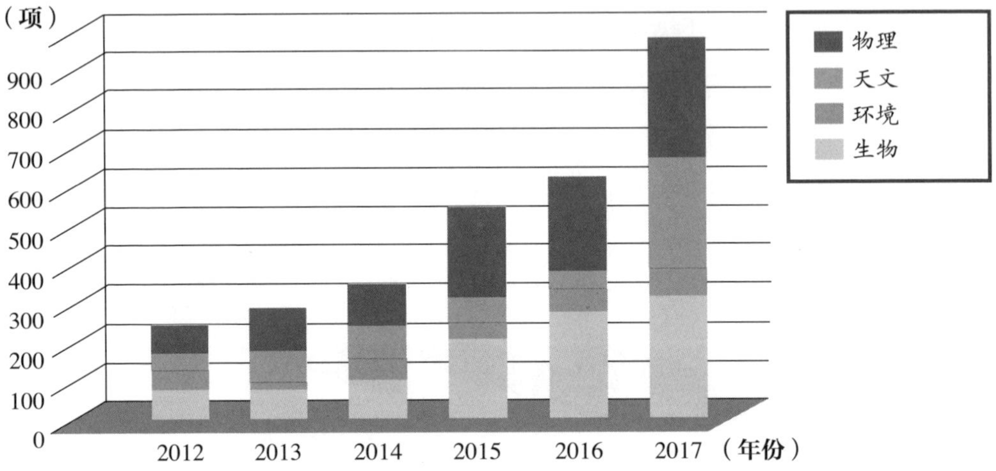

图 4-8　2012—2017 年学生小课题实践研究数据

2.学生自主生长平台——“水木秀场”

清华附小关照儿童的个性成长，注重私人定制。“水木秀场”的内容结构如下：发现一个个独特的个体，为其搭建成长的舞台；为同一类学生个性定制发展的平台；辐射和影响身边有相同兴趣的一群同学，使其发挥自身的潜能，由此带动身心全面发展（见图 4–9）。

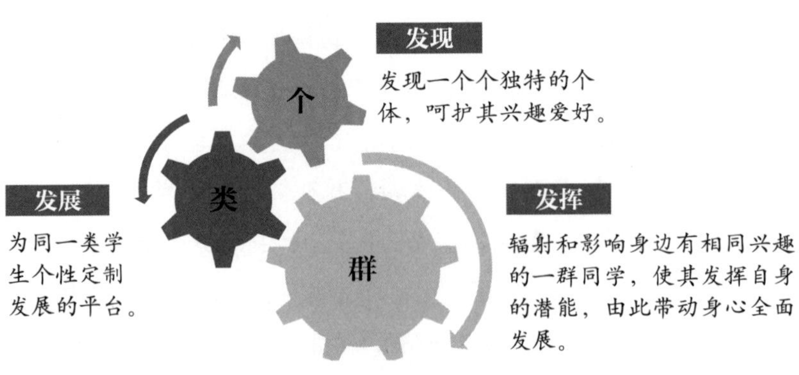

图 4-9　“水木秀场”内容结构图

（1）多把尺子，促进个性成长。

在“水木秀场”，学生绽放个性，彰显特长，展示成长的轨迹，给他人以启发，同时获得成长的自信。学校以此打造校园成志榜样，发挥成志榜样的引领作用。“水木秀场”的展示时间是每周三的12:40—13:20，学生根据自己的兴趣或特长，自主设计展示内容和形式，自主制作海报和邀请函，邀请学校不同年级的学生到秀场观赏。

正如加德纳所说：“因为每个人的智力都有独特的表现方式，每一种智力都有多种表现方式，所以我们很难找到一个适用于所有人的评价标准来评价一个人聪明和成功与否。”“水木秀场”为每个勇于站在秀场正中央的学生量身定做了评价的尺子，使得清华附小多了一批又一批优秀的学生，从而形成百花齐放、春色满园的景象。

（2）百川归海，自信从容绽放。

清华附小的“水木秀场”是张扬个性的成志舞台，更是促进学生个性发展的平台。小李同学学习时总是打不起精神，可是一研究起昆虫，他就能全身心地投入其中，忘却外面的世界。老师及时捕捉到了小李的闪光点，鼓励他去申报“水木秀场”，展示他的研究心得。小李登台之前十分不自信，没想到秀场一结束他居然收获了很多“粉丝”。校友杨振宁来访之际，学校给他创造机会，用“大手拉小手”的形式让现在的科学家与未来的科学家结成对子；在新东方创始人俞敏洪来校做讲座之际，学校又创造机会让小李与他对话，探讨如何沿着自己的兴趣之路走下去。小李的自信就这样逐渐地生长起来了。小李俨然成了清华附小的“昆虫专家”。在他的影响下，很多学生加入了昆虫研究团队，一下课他们就到教室的走廊上讨论、研究。

优秀和成功从来没有统一的范式，教育更需要多元的鼓励手段。在传统课堂上，小宋的小动作极多，在“水木秀场”上，小宋的动手能力极强，是车模搭建高手；在传统课堂上，小张很浮躁，甚至不遵守课堂秩序，在“水木秀场”展示后，小张变化很大，立志做一名魔术师……

“水木秀场”旨在发现并激发学生的潜能，培养学生的自信，引导他们从无意识的兴趣发展走向有意识的志趣培养。成志教育重在发现学生个体的优势，并且搭建平台帮助他们发展。

(3) 价值肯定，指向成志梦想。

当学生暂时找不到学习的路径时，教师要耐心地帮助他们找到兴趣点，鼓励他们通过“水木秀场”绽放自我，寻找自信。儿童是天生的学习者，在兴趣中学习，从而激活其成长内驱力。

（四）情境体验式主题实践活动

情境体验式主题实践活动是学校主动创设和引入的具有情感激活功能的教育场景，以激起学生情感和态度的体验，从而分阶段、有梯度地完成成志教育目标的育人方式。在清华附小，情境体验式主题活动以仪式情境体验（如开学典礼、升旗仪式）和以戏剧构筑儿童第二重生活的生命体验为主要方式，以激发学生积极、健康的情感体验，让学生在体验中内化成志教育所倡导的价值观。(情境体验式主题实践活动方案详见本章原始档案四)

1.仪式情境体验

教育目标一旦明晰，学校就会利用仪式、节日和庆典来推动目标的实现。这些仪式性的情境是学校文化传统的活标本。仪式教育作用于学生、教师的心灵，唤起大家内心的神圣感，让师生的生命与伟大事物交汇在一起，从而形成长久的动力，使学校的成志愿景一次次得到确认、强化。在这些关键的时间节点上，概念化的成志被情感激活而慢慢地在学生的内心拔节生长。

通过仪式、节日、庆典，师生凝聚成一股向上的力量，学校的日常生活也因此被赋予成志的意义和目的。为此，清华附小在“强化仪式教育”方面，基于学生的价值体认进行了长久的实践。

(1) 开学典礼。

在每学期的开学典礼上，学校始终注重“志”的传承，用“志”扣好学生价值观的第一枚纽扣，培育学生的理想与抱负，砥砺学生的意志与行动。2015年9月，《新闻联播》报道了清华附小的开学典礼，这在国内基础教育界产生了深远的影响。以下经典环节成了清华附小开学典礼上的璀璨标志。(清华附小的开学典礼流程如图 4–10 所示)

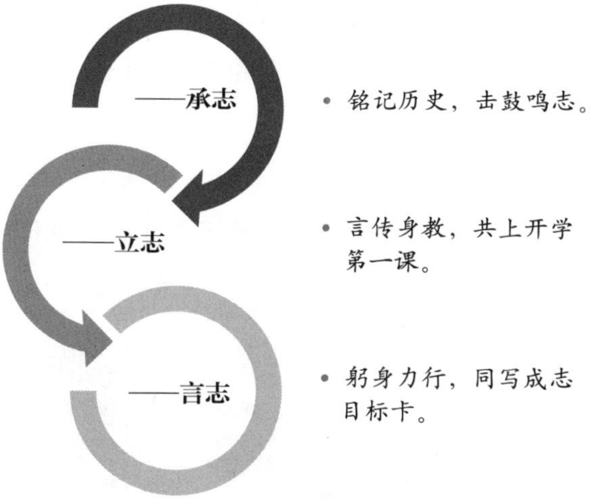

图 4-10　清华附小开学典礼流程图

铭记历史，击鼓鸣志——承志。每个学期的开学典礼上，我们都会紧紧围绕“家国情怀”的主题，邀请具有时代精神、民族精神的嘉宾与学生携手为新学期击鼓鸣志。著名民主战士闻一多先生的儿子、清华附小校友闻立雕，清华大学副校长姜胜耀，国家射击队副领队、总教练兼运动员王义夫，参加过1993年阅兵的抗战老兵翟维俊，参与庆祝中国人民解放军建军90周年阅兵式的朱志勇都曾为新学期击鼓。鼓声告诉我们，在抗日战争和世界反法西斯战争中有无数仁人志士为民族独立和人民解放而奋斗；鼓声警醒我们，铭记历史，勿忘国耻；鼓声开启的是家国情怀、民族大义、复兴祖国之大志；鼓声也激励我们，要拥有珍爱和平、开创未来之志。

言传身教，共上开学第一课——立志。在新学期开学典礼上，由校长为全校师生、家长上开学第一课在清华附小已经成为常态。清华附小的开学第一课一经公布，总会引起媒体的广泛关注，而它所传递的成志少年对“志”的践行、责任担当受到了社会各界的赞赏。

躬身力行，同写成志目标卡——言志。清华附小秉承清华大学“行胜于言”的校风，十分注重学生的实践与行动。在新学期开学典礼上，班主任会给学生发放“成志目标卡”，并让学生亲手书写新学期的成志目标，以此激励成志少年肩负使命继续启程，铸造成志梦想。

清华附小以“开学典礼”为契机，强调“选择了清华，就选择了一生的责任”，重视学生的价值体认，着力培养学生的责任意识，育人效果显著。

（2）升旗仪式。

为扣好儿童价值观的第一枚纽扣，探索成志教育立德树人校本实践，清华附小实现了升旗仪式课程化。（清华附小的升旗仪式流程如图 4–11 所示）

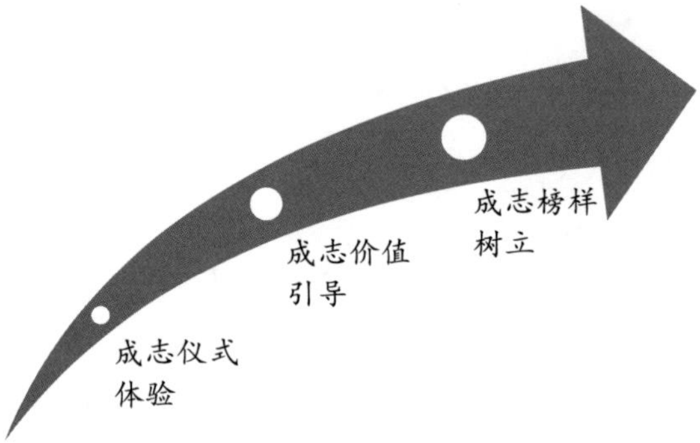

图 4–11　清华附小升旗仪式流程图

学校坚持“4+1”升旗模式，即每周一进行隆重的、集中的升旗仪式，周二至周五进行非集中式升旗仪式，将社会主义核心价值观具化为对国旗的热爱。在升旗仪式上，每个学生都要读校训、唱校歌，宣誓“我是清华少年，努力成为健康、阳光、乐学，拥有中国灵魂、国际视野的现代人”。这些都成了清华附小的文化，渗透着社会主义核心价值观。通过不断实践与摸索，清华附小的“4+1”升旗模式逐步呈现出“期期有定位、月月有主题、周周有要点、日日有常规”的良好发展态势。

2.生命体验

清华附小以戏剧构建儿童的第二重生活（如图 4–12 所示）。

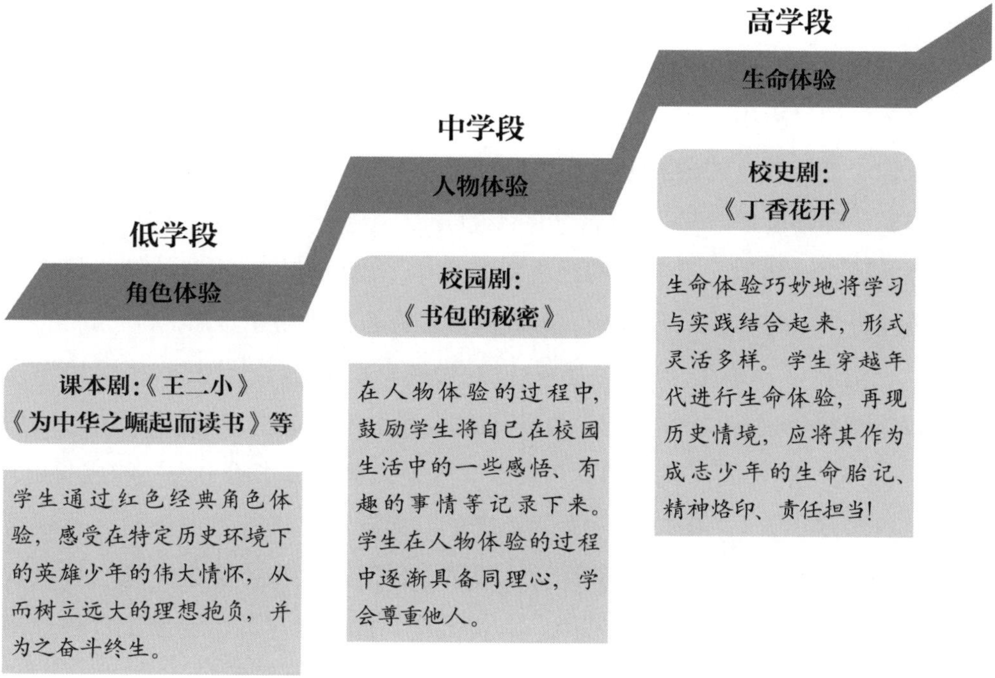

图 4-12　生命体验结构图

（1）角色体验。

低学段角色体验。低学段学生刚进入小学，对“生命”这个词不理解，于是我们选择了语文课本中大家熟悉的红色经典角色让学生进行角色体验。

比如，《王二小》中的抗日英雄王二小为了掩护村子里的乡亲，不顾自己的安危将敌人带进了八路军的包围圈，保护了乡亲们，自己却倒在了敌人的枪口下。又如，《为中华之崛起而读书》中的少年周恩来看到百姓被列强欺压，深刻体会到伯父说的“中华不振”的含义，从而立志“为中华之崛起而读书”。要从小树立远大的理想和抱负，并为之奋斗终生。学生通过红色经典角色体验，感受在特定历史环境下的英雄少年的伟大情怀，从而珍惜现在来之不易的幸福生活。

（2）人物体验。

中学段人物体验。到了中学段，学生有了一定的学习积累，对校园生活也有了一定的认识，学校鼓励学生将自己在校园生活中的一些感悟、有趣的事情等记录下来。学生在体验不一样的人物身份的过程中逐渐具备了同理心。比如，校园剧《书包的秘密》，讲述的是同学之间的好奇心导致了一场小误会。在人物体验的过程中，学生感悟到无论如何都不应该窥探他人隐私；只有尊重别人，你才会拥有真诚的友情。

（3）生命体验。

高学段生命体验。高学段的学生对“生命”已经有了一定的认知。角色扮演巧妙地将学习与实践结合起来，形式灵活多样，便于学生理解。

以校史剧《丁香花开》（见图 4–13）为例，它讲述了从 1915 年周诒春先生建校，到抗战时期大学南迁，再到中华人民共和国成立，以及改革开放后“清华附小人”对育人模式的解读与实践。这是几代“清华附小人”的成长史！作为“清华附小人”，我们有必要学习校史，穿越年代进行生命体验，再现历史情境。《丁香花开》传播中国的发展理念和价值观，将社会主义核心价值观自然地融入了学生的生活及血液中，应将其作为成志少年的生命胎记、精神烙印、责任担当。（校史剧《丁香花开》情境体验如表 4–3 所示）

图 4–13　校史剧《丁香花开》

表 4-3　校史剧《丁香花开》情境体验表

场次	主题	主要内容	主要角色
第一幕：萌芽	立人为本，成志于学	1911 年，清华大学建校。时任校长周诒春为解决清华大学教职工子女教育问题，于 1915 年建立了成志学校。	老校长及老教师：周诒春、李仲华、朱自清、傅乐夫；校长女儿
第二幕：生长	刚毅坚卓，自强不息	抗战时期，北京大学、清华大学、南开大学南迁至昆明，成立了西南联合大学，成志学校的学生随父母一起迁至昆明。峥嵘岁月，以黄宁为代表的同学们经历战火洗礼，深受教师无微不至的呵护与爱国精神感染，由此立下为祖国的强大而奋发图强的雄心壮志。	西南联合大学的教师、父亲、日军、少年黄宁、少年梅祖彦
第三幕：灌溉	敬业博爱，厚德载物	一个又一个真实又感人的故事，展现了清华附小教师的敬业、博爱、儒雅，诠释了教师"把每一个学生的成长当作自己的最高荣誉"的教育情怀。	白老师、小勇、女儿、儿子、顾蔚云校长、小石头、百灵
第四幕：开花	完整人格，家国情怀	清华附小秉承"儿童站立在学校正中央"的教育理念。清华附小的学生每时每刻都享受着学习与成长的快乐。成志少年呈现出健康、阳光、乐学三大样态，他们承志、立志及弘志，向着"成为具有中国灵魂、国际视野的现代人"的目标努力。	语文老师、体育老师、数学老师、戏剧老师、美术老师
第五幕：绽放	百年成志，走向未来	丁香花开，清华荣光。这所有故事、有意思、令人难忘的温润小学，始终践行基础教育的使命，努力成为一所有行动力的理想主义小学、有灵魂的卓越小学。	老校友徐乃和、老校长、一年级全体学生

在成志教育的育人模式下，四大主题实践活动互动生成，涵育素养。清华附小通过挖掘主题意义、构建真实情境及运用有效载体，培养拥有理想信念、勇于担当、创新实践、知行合一的成志少年。

ORIGINAL FILE 原始档案 一

文化考察式主题实践活动方案

表 4-4 “寻访第一面军旗”文化考察式主题实践活动方案

<table>
<tr><td>主题</td><td colspan="2">寻红色记忆，探改革之路
——清华附小“寻访第一面军旗”文化考察式主题实践活动</td></tr>
<tr><td>文化背景</td><td colspan="2">清华大学与中国革命历史紧密相连，超过百年历史的清华大学附属小学也是奏响革命乐章的参与者与践行者。清华附小最初的校名是“成志学校”。从成志学校到成志教育，清华附小始终不忘对学生进行完整人格之教育，即通过“承志、立志、弘志”，传承包括革命传统文化在内的中华民族优秀传统文化，引导学生把个人的理想抱负与祖国和民族的命运结合在一起，培育和践行社会主义核心价值观。清华人“牢记历史，勿忘国耻”的爱国气节也时时刻刻激励着清华附小的少年：传承清华革命传统，弘扬爱国主义精神，寻先烈足迹，悟红色精神，争做有红色基因的成志少年。</td></tr>
<tr><td>总目标</td><td colspan="2">1. 学习革命文化，涵育家国情怀。通过“寻访第一面军旗”“唱红歌”等系列文化考察活动，让学生熟悉我国革命历史，感受时代变化。学生在红色革命圣地缅怀先烈，体会艰苦奋斗的深刻内涵，培养爱国主义情怀。
2. 感受古镇文化，涵育审美雅趣。通过参观瑶里古镇、浮梁古县衙、景德镇古窑等景点，让学生了解地域文化特色，开拓学生的文化视野，培养其人文底蕴，引领学生树立正确的审美观念，陶冶高尚的道德情操，塑造具有审美雅趣的完整人格。
3. 面向未来世界，涵育核心素养。通过“寻访第一面军旗”“参观景德镇古窑”等主题活动，引导学生用考察与体验的新方式来学习。这能增强学生的文化底蕴，提高学生的社会参与度，促进核心素养养成，有利于培养具有中国灵魂、国际视野的栋梁之材。</td></tr>
<tr><td rowspan="2">阶段性目标</td><td>中国灵魂（侧重传承革命精神）</td><td>国际视野（侧重探究改革之路）</td></tr>
<tr><td>1. 通过“寻访第一面军旗”，将学生带入革命战争的情境，感受革命先烈爱祖国、爱人民的情怀以及英勇无畏等红色精神。
2. 通过回顾红色革命历史，让学生明白今天的幸福生活是革命先烈用鲜血和生命换来的，受到感染教育。
3. 通过呈现现实生活中的事例，让学生知道今天的幸福生活也离不开时代英模的无私奉献。学生联系自己，从小事做起，发扬革命精神，从小立志勤奋学习，掌握科学文化知识，准备为祖国、为人民做贡献。</td><td>景德镇是闻名世界的千年瓷都，千年窑火不熄，历史积淀与文化底蕴深厚。
1. 学生通过参观景德镇古窑，认识到景德镇瓷器的独特魅力，它广泛影响着人们的价值取向、宗教信仰、审美情趣。
2. 参观景德镇古窑，探究陶瓷发展的改革之路，拓展国际视野。开放已经成为鲜明的时代特征，景德镇陶瓷是中国文化、世界语言，讲述中国故事，契合新时代的发展趋势。中国的发展正处于从量的积累转向质的飞跃的时期，景德镇陶瓷勇于创新，探究出了一条顺应时代要求的改革之路。抢抓机遇，保护、用好“景德镇”这一金字招牌，大力发展手工制瓷和高技术陶瓷，提高日用陶瓷、艺术陶瓷的附加值，推动建筑陶瓷发展升级，促进陶瓷产业高端化、品牌化、国际化，打造“陶瓷产业升级版”。</td></tr>
</table>

（续表）

	中国灵魂（侧重传承革命精神）	国际视野（侧重探究改革之路）
具体内容	1. 实地探访红色庐山景区，学习革命文化。重走庐山会议旧址、庐山博物馆等红色故地，学习老一辈革命家的奋斗历史，了解中共中央对中国社会主义建设产生重大影响的三次重要会议，接受爱国主义教育。 2. 在南昌师范附属实验小学，邀请八一南昌起义纪念馆的讲解员为两校学生讲解“八一起义”的革命历史。各班同学沿路唱起一首首经典的红色歌曲：《没有共产党就没有新中国》《黄河大合唱》《强军战歌》…… 南昌师范附属实验小学的学生与清华附小的学生展开了一场足球友谊赛。两所百年老校的学生一起表演经典戏剧和舞蹈等，携手传承家国情怀。 3. 参观瑶里古镇、浮梁古县衙等景点，诵读相关的古典诗歌和文学名作，了解地域文化特色。 4. 研究中国徽派建筑的特点，回味清华附小校园之美。清华附小本部的校园有徽派建筑的底蕴。在研学过程中，学生通过参观瑶里古镇等景点，了解中国传统建筑流派——徽派建筑的历史渊源、工艺特征和造型风格等。	1. 实地参观景德镇陶瓷科研机构，了解景德镇产学研用一体化平台。 2. 参加景德镇陶瓷会展活动，听解说员介绍如何鉴别真假陶瓷，加强陶瓷知识产权保护，维护景德镇陶瓷品牌。 3. 了解陶瓷工艺，研究中国古代制瓷技术。在工作人员讲解及教授之后，学生认真观察并自己动手制作陶瓷，感受中国古代精湛的制瓷技术，培养对陶艺文化的兴趣等。
活动流程	预学	1. 通过阅读历史书初步掌握中共中央在庐山举行的三次重要会议的历史背景，以及八一南昌起义的革命内涵。 2. 根据红色考察日程安排，完成至少三个方面的考察预学课程，如中国古代制瓷技术、中国传统建筑流派、相关古典诗歌和文学名作等。 3. 考察前至少对所在地的名人、名作及名胜进行了调研。
	共学	1. 根据出行考察手册，按组完成设定的团队主题实操活动及阶段记录、总结。 2. 在交流互动的过程中，完成传播、展示革命文化和成志少年精神风貌的任务。 3. 可以利用所学知识解读“第一面军旗”的来源，介绍陶瓷的制作流程，根据古镇古景吟诵相关的诗歌及文学作品。
	延学	完成互动交流计划。

ORIGINAL FILE 原始档案二

公益服务式主题实践活动方案

表 4-5　成志少年微公益主题活动方案

主题	百年公益，百年传承 ——清华附小成志少年微公益主题活动		
总目标	1. 为学生成长为合格的社会公民奠基。随着社会的发展，具有良好的公民素质越来越成为人的内在需求。公益活动应从让学生学习公益知识开始，引导学生从小事做起，参与到改善家庭、学校和社区的公共事务中来，帮助学生从小养成公共参与、主动关怀的公民德行，让公益活动成为小公民成长的摇篮。 2. 学生站立在公益活动的正中央。学生参与公益活动的原因，不仅在于它具有公益价值，更在于它能促进学生成长、成才。因此，在公益实践活动中，学习是目的，学生是主导者，对活动开展情况要进行记录、反思、总结，充分突出学生的主导作用，发挥学生的能动性和创造性。 3. 培养学生的关键能力和必备品格。公益实践活动具有综合性和悦纳性，能够满足不同层次学生的需求，培养学生的关键能力和必备品格，如沟通能力、表达能力、协作能力、学习能力、共情能力、组织能力、自信心等，以适应快速变化的社会生活、职业世界和个人自主发展的需要，迎接信息时代和知识社会的挑战。		
阶段性目标	低学段	中学段	高学段
	低学段学生对公益的认知较为浅薄，因此，本阶段应努力达到： 1. 帮助学生正确认识公益。 2. 通过捐助类公益活动引导学生初步体验它带来的幸福感和成就感。 3. 激发学生做公益的内在动机。	中学段侧重于提高学生的动手实践能力，培养其知行合一的良好品格，因此，本阶段应努力达到： 1. “班班有公益，人人齐参与”，即丰富活动形式和提高学生的参与度。 2. 将学生的善心转化为适切的善行。 3. 学生能够提炼自己的感悟、体验和成长收获。	高学段侧重于培养学生研究问题、解决问题的能力，因此，本阶段应努力达到： 1. 将公益实践活动与学科课程、小课题研究融为一体，初步尝试将研究与活动相结合。 2. 让学生在活动中自主学习和跨界学习，形成体验人生、关注社会、解决问题、实践能力和创新精神的动态系统。 3. 借助动态系统，引导学生将公益作为提升自我的途径和公民参与社会的方式，甚至是伴随一生的习惯。

（续表）

<table>
<tr><th></th><th>低学段</th><th>中学段</th><th>高学段</th></tr>
<tr><td>具体内容</td><td>以捐助类为主。比如，开展义卖，帮助贫困儿童筹集学费；筹建图书馆；为自然灾害地区开展爱心义卖；等等。</td><td>以环保类与手拉手为主。比如，宣传环保知识；清扫社区卫生；发放食品卫生安全宣传单；与特殊儿童手拉手，一帮一；公益游学义卖；等等。</td><td>以行动类为主。比如，担当义务讲解员；宣传吟诵国学经典；送爱心粥；到敬老院慰问老人；向社区推广小课题研究成果；等等。</td></tr>
<tr><td rowspan="3">活动流程</td><td>预学</td><td colspan="2">以学生为主体，教师与家长担任顾问，进行前期调研，策划公益活动的主题和具体形式，设计活动记录单并进行活动前期的铺垫和预热。</td></tr>
<tr><td>共学</td><td colspan="2">以班级为单位，采用小组化学习方式，学生在分工协作的基础上，带着由活动主题衍生的主问题参与活动，完成活动记录单的填写。</td></tr>
<tr><td>延学</td><td colspan="2">进一步补充完善活动记录单，制作公益活动手册，展示活动成果，重点突出学生的感悟、体验、反思和成长收获。</td></tr>
<tr><td>活动评价</td><td colspan="3">1. 线下，展示公益活动成果和制作公益活动手册。公益活动成果展示，要突出学生的感悟、体验、反思和成长收获，注重公民教育的宣传，体现公益活动评价的教育性。公益活动手册主要用来记录公益活动前期铺垫、中期蓄力、后期实施和末期宣讲的情况以及学生对自己阶段性的评价。毕业时将其赠予参与公益活动的学生。
2. 线上，养成教育 APP。养成教育 APP 采用“过程数据 + 关键事件 + 榜样引领”的评价方式，全员、全过程、全方位对学生在公益实践活动中的表现进行跟踪评价。大数据留存在云端，以每个学生为单位重组，勾勒学生的成长蓝图，为学生提供公平而有质量的评价。</td></tr>
<tr><td>活动记录单</td><td colspan="3">学生站立在公益活动的正中央，要发挥学生的主体性和创造性。活动记录单由学生依据公益实践活动的主题和实际需求设计，一般应包含活动设计与预热、组织与养成、分享与延伸的全过程。活动记录单不仅用来记录和跟踪学生的公益足迹，还应体现出其评价价值和教育性，为后续公益活动提供依据。最终要将活动记录单纳入学生 6 年的成长报告。</td></tr>
</table>

原始档案三 创意创新式主题实践活动方案

表 4-6　“创客嘉年华”创意创新式主题实践活动方案

<table>
<tr><td>主题</td><td colspan="12">创客改变世界，创意助力成志
—清华附小“创客嘉年华”创意创新式主题实践活动</td></tr>
<tr><td>文化背景</td><td colspan="12">1. 2017 年 7 月国务院颁布了《新一代人工智能发展规划》，该规划指出“人工智能已成为国际竞争的新焦点”，“为抢抓人工智能发展的重大战略机遇”，我国要“在中小学阶段设置人工智能相关课程，逐步推广编程教育”。
2.“儿童站立在科技教育正中央”，创客改变世界，以学生的兴趣为出发点，引导其付诸实践，培养创造力。
3. 通过“创客嘉年华”主题实践活动，培养学生“一项好创新、一手好实践、一种好思维”，用一种新的方法鼓励创造和创新。</td></tr>
<tr><td>总目标</td><td colspan="12">1. 让学生具备敏锐的环境感知能力和信息捕捉能力，勇于实践、勤于思考，具有敢为人先的创新精神与创造性的审辩式思维，真正做到“学会改变”。
2. 让学生能够走出校园，关注社会，学以致用，针对生活中发现的问题，尝试用自己的创意或发明制作来解决，并向社会、政府、学校、学生提出切实可行的建议，主动地承担责任，体现成志少年的家国情怀。</td></tr>
<tr><td rowspan="3">阶段性目标</td><td colspan="4">一项好创新</td><td colspan="4">一手好实践</td><td colspan="4">一种好思维</td></tr>
<tr><td>低学段</td><td>中学段</td><td>高学段</td><td>少年科学院（科技社团）</td><td>低学段</td><td>中学段</td><td>高学段</td><td>少年科学院（科技社团）</td><td>低学段</td><td>中学段</td><td>高学段</td><td>少年科学院（科技社团）</td></tr>
<tr><td>呵护与尊重学生对周围事物的好奇心和创新灵感，让学生运用五种感官体验并描述事物的特点与创新点。</td><td>学生能够以现有的知识对生活中常见事物的结构和功能进行改进，使其更好地满足人类需要。要培养学生的创新能力。</td><td>学生能够以现有的思维模式提出有别于常规思路的见解，从而创造出新的事物，让人类的生活更方便、更美好。要增强学生的创新意识。</td><td>学生能够呈现无限的想象力和创造力，在活动中能够主动地进行创新活动，关注创意问题解决和团队合作的过程。开展创新活动，对学生创造力的开发、动手能力的提高、团队意识</td><td>学生能够在学习科学知识的基础上，利用生活中的常见物品甚至是废品亲自动手进行各种创意制作。初步培养学生的动手能力。</td><td>学生能够动手操作流程和结果已知的科学实验，理解并掌握科学实验的流程及注意事项，为高年级的科学自主探究打下坚实的基础。</td><td>引导学生对未知领域进行探索，探究性实验方案私人定制。学生能够自主设计科学实验过程，分析实验结果，最终得出科学结论。</td><td>学生能够了解不同工具的使用方法，注重模型制作的科技性、知识性和趣味性等。学生在制作中还可以初步了解建筑、航空、航海相关知识，同时锻炼动手能力，培养创新思</td><td>遵循学生的心理特点和学习规律，努力训练和提高学生的想象能力。</td><td>让学生的思维呈现出多维发散状，在解决问题的过程中，做到举一反三，求得多种不同的解决办法，衍生出不同的结果。</td><td>学生能够收集相关的科学信息，辨别信息的真假，善于质疑、勇于探究，具有批判性思维。</td><td>能发现社会问题，独立解决社会问题，能主动地承担社会责任，培养爱国情怀。</td></tr>
</table>

（续表）

	一项好创新				一手好实践				一种好思维			
	低学段	中学段	高学段	少年科学院（科技社团）	低学段	中学段	高学段	少年科学院（科技社团）	低学段	中学段	高学段	少年科学院（科技社团）
阶段性目标				和钻研精神的培养等都有显著的效果。学生在提出问题和解决问题的过程中提升综合能力。				维、团队精神。				
具体内容	振宁童创头脑风暴：在科学课堂上，低学段每节课由师生根据提问的数量和质量评选出“最佳小问号”奖，激发学生的好奇心和探索欲，不断提高其创新能力；中学段，在科学课堂上展示生活中的各种物品，让学生仔细观察，找出物品的缺陷，然后进行改进与创新；高学段学生在某种物品的启发下创造出全新的作品，并在班级里进行展示与评选，激发创新兴趣，培养创新意识。			头脑奥林匹克：在社团活动中分为长期题训练和即兴题训练。长期题训练是同学们围绕主题，长时间进行小组合作，达成共识，在创新中解决问题。即兴题主要针对创新的学生，能让他们更好地处理生活中的一些即兴问题，锻炼他们的应变能力。即使即兴题解	振宁实践坊：在科学课堂上，引导低学段学生进行叶画、种子画等创意发明与制作；中学段学生利用教师提供的实验器材和实验方法，亲自动手进行实验，研究材料在水中的沉浮、冰和水的互相转化、磁铁的性质、声音的传播方式、电路的连接等；在此基础上，通过“寻找生活中的不方便”的活动，让高学段学生初步发现生活中的问题，并尝试制定实验方案，进行实验，最终解决生活中的不方便。			模型工作坊：模型课程分为理论知识、模型设计和动手制作三个环节。理论知识主要包括建筑模型基础知识、航海基础知识、快速航行船舶基础知识、无线电遥控基础知识等相关知识；模型设计题是在了解相关知识的基础上，对要制作的建筑、航海和航天模型进	水木秀场微论坛：低学段和中学段每节科学课拿出三分钟时间，由一名同学（班级轮流）发布微论坛的主题及相关背景知识，主题主要是创客与技术领域，之后其他同学根据已有的背景知识进行想象、质疑、探究；高学段每班针对社会热点、科学问题举办一次科学辩论赛，如：应不应该购买转基因食品、克隆人类是利大于弊还是弊大于利等，在知识和观念的碰撞中培养学生的辩证思维、发散思维、创造性思维以及批判性思维等。			在教师的指导下，学生以1—3人（最多不超过3人）为一组进行资料搜集，选题开题，制定初步实验方案，进行实验（中间经过反复探讨调整），整理结果，数据分析，得出结论，撰写论文。研究的课题覆盖面广，包括对自然现象的观察、探究，对社会问题的调研、提出建议，

（续表）

<table>
<tr><td rowspan="2"></td><td colspan="4">一项好创新</td><td colspan="4">一手好实践</td><td colspan="4">一种好思维</td></tr>
<tr><td>低学段</td><td>中学段</td><td>高学段</td><td>少年科学院（科技社团）</td><td>低学段</td><td>中学段</td><td>高学段</td><td>少年科学院（科技社团）</td><td>低学段</td><td>中学段</td><td>高学段</td><td>少年科学院（科技社团）</td></tr>
<tr><td>具体内容</td><td></td><td></td><td></td><td>答经验丰富的人，也能在课程中发现一些新的信息，来帮助他们更好地解决问题。</td><td></td><td></td><td></td><td>行图形化设计；动手制作是学生在设计图形的基础上，利用不同材料进行制作，从而完成模型。</td><td></td><td></td><td></td><td>对技术的改进及创造发明等。在此过程中，学生是主体，教师只是起到指导、辅助的作用。</td></tr>
<tr><td rowspan="3">活动流程</td><td>预学</td><td colspan="11">1. 活动开始前，查找相关的科学知识。
2. 针对不同主题展开实地调查和访问，发现生活中的问题。
3. 制定初步的创意创新实践活动方案，可以采用图画、图标、文字等形式。</td></tr>
<tr><td>共学</td><td colspan="11">1. 以小组的形式，按照实践活动方案完成主题实操活动及阶段记录、总结。
2. 根据实际情况再次研讨并完善实践活动方案。
3. 通过调查、研究、实验、制作，得出科学结论，找到解决问题的科学办法。
4. 在头脑奥林匹克比赛交流活动中，以团队的形式完成剧本编写、道具制作、节目排练等。</td></tr>
<tr><td>延学</td><td colspan="11">1. 结合实践活动记录及所感所悟，写一篇科学小论文或一篇随笔。
2. 在班级中举办一次科学讲座，向同学讲述自己的创意创新小故事，激发其他同学的创新灵感。</td></tr>
</table>

2017 年，是中国人民解放军建军 90 周年和香港回归 20 周年，也是世界反法西斯战争暨中国抗日战争胜利 72 周年，我校秉承和坚守“志”的传承，以开学典礼为契机（如图 4–14、图 4–15、图 4–16、图 4–17 所示），用“志”扣好儿童价值观的第一枚纽扣，培育学生的理想与抱负，砥砺学生的意志与行动。

图 4-14　重走成志路

图 4-15　仪仗队展示

图 4-16　戏剧：红领巾是红旗的一角

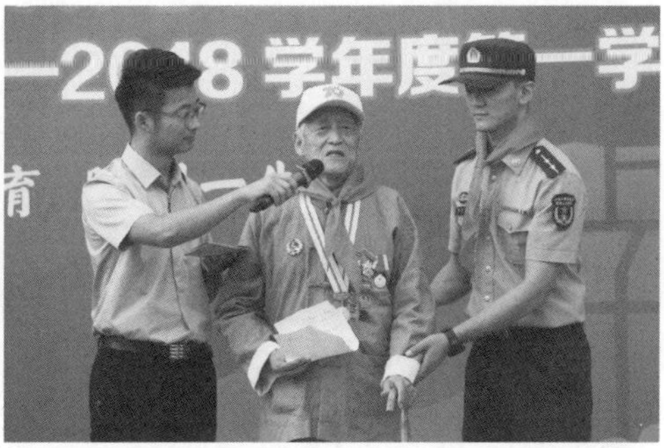

图 4-17　八路军翟维俊爷爷讲述红军故事

表 4-7 清华附小四校联动开学典礼活动方案

<table>
<tr><td>主题</td><td colspan="3">“致敬英雄人民军队　做具家国情怀的成志少年”
——清华大学附属小学四校联动 2017—2018 学年度第一学期开学典礼活动方案</td></tr>
<tr><td>活动时间</td><td>2017 年 9 月 1 日 8:00</td><td>活动地点</td><td>马约翰运动场</td></tr>
<tr><td>活动目的</td><td colspan="3">1. 军民共建，播下家国情怀的种子。邀请“沙场阅兵”的将领以及学校艺术团慰问驻港部队的学生代表讲故事、谈感受，使学生受到家国情怀的熏陶和感染，向建军 90 周年和香港回归 20 周年献礼。
2. 通过校长的“开学第一课”再次对全体师生进行关于使命、责任、担当的教育。
3. 主题迎新，展现清华附小教师、学生的精神风貌。通过“全体教师集体宣誓”“向一年级学生赠送启程护照”，向一年级全体家长展现清华附小教师敬业、博爱、儒雅，学生健康、阳光、乐学的样态。</td></tr>
<tr><td>活动环节</td><td colspan="3">活动内容</td></tr>
<tr><td rowspan="5">承志：
铭记历史，
击鼓鸣志</td><td colspan="3">重走成志路
8 位军人家长代表带领一年级入场</td></tr>
<tr><td rowspan="3">致敬国旗</td><td colspan="2">仪仗队展示</td></tr>
<tr><td colspan="2">升国旗，奏国歌</td></tr>
<tr><td colspan="2">唱校歌</td></tr>
<tr><td>成志誓词</td><td colspan="2">读校训、誓词</td></tr>
<tr><td rowspan="7">立志：
言传身教，共上开学第一课</td><td rowspan="4">沙场秋点兵</td><td colspan="2">戏剧：红领巾是红旗的一角</td></tr>
<tr><td colspan="2">合唱团学生 9 人向军人献红领巾</td></tr>
<tr><td colspan="2">八路军翟维俊爷爷讲述红军故事</td></tr>
<tr><td colspan="2">朱志勇军官讲述参加阅兵的经历</td></tr>
<tr><td>成志述家国</td><td colspan="2">学生代表汇报慰问解放军心得</td></tr>
<tr><td>击鼓齐鸣志</td><td colspan="2">学生和嘉宾击鼓鸣志</td></tr>
<tr><td>开学第一课</td><td colspan="2">窦校长讲话</td></tr>
<tr><td rowspan="3">言志：
躬身力行，同写成志目标卡</td><td>新生言志</td><td colspan="2">一年级新生代表发言</td></tr>
<tr><td>老生言志</td><td colspan="2">六年级学生赠送护照、徽章，并送礼物袋</td></tr>
<tr><td>师生言志</td><td colspan="2">全体班主任向学生发放成志目标卡</td></tr>
</table>

第五章

成志教育路径：

主题课程群构建

主题课程群是横纵整合的课程形态，它不仅可以实现横向的拓展与整合，而且指向纵向发展的深度学习。

主题课程群最本质的改变在于通过主题的聚合来激发学生学习方式的变革。作为一种教学效果明显的课程形态，主题课程群相对简单易学，在实践中广受教育者关注和欢迎，具有很高的推广价值。

一、主题课程群的课程目标：以成志为价值追求，以核心素养为准绳

回首历史，审视未来。清华附小的语文主题教学，针对“内容碎片化”“人文性与工具性割裂”等问题，历经近30年的持续实践与研究，静悄悄地从量变到质变，从一课带多课的“群”雏形到语文五种样态的“群”组合，进而到跨越学科边界的“群”整合，这种在教学实践中形成的新课程形态，我们把它称为主题课程群。

主题课程群是横向学科与活动育人“1+X课程”和纵向“启程—知行—修远”学段三进阶整合打通的课程形态，既有相对稳定的学习基础，又有弹性灵活的个性发展空间。主题课程群，以主题为引领，挖掘学科的育人功能与价值，课程内容结构化，学生学习情境化，将各育人环节、育人学科、育人要素整合在一起形成合力，实现育人的集群效应。

主题课程群最初的实践来自语文主题教学，当时我们所倡导的小学语文主题教学的核心思想是“语文立人”，即语文教学不仅着力于让学生掌握语文学科的重要知识与培养学生的关键能力，而且要在语言建构过程中实现学生健全人格的养成。这种“立人”的观念成为主题课程群最早的“初心”，并在后来的实践中得到坚持和深化。我们认为，教材有其自身的知识体系与能力系统，而知识体系、能力系统又蕴藏着学科育人价值，即透过学科表层的符号理解其内在的思维、策略，进而实现其深层的精神价值（如图5–1所示）。

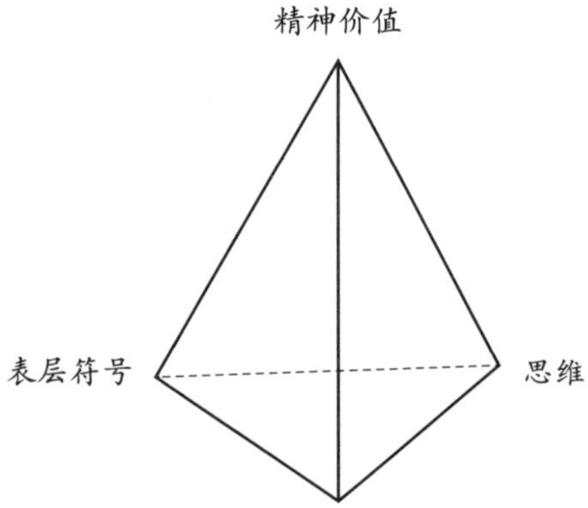

图5–1　课程目标三棱锥图

主题课程群寻找学科育人的基本规律和价值，希望实现学科合力育人，即

让学生树立正确的价值观念，提升学生必备的品格与关键能力。如何立足学科教材的单元，深入挖掘单元主题的精神价值，并围绕主题对单元内容进行结构重组，有机整合课程资源，经过感知储备、丰富理解、生活实践，实现从表层符号知识的掌握到内在精神价值的体认，这是各学科教学实践的重要研究课题。同时，如何立足儿童生命成长的逻辑，在学科教材的基础上，拓展经典的课程资源，结合低、中、高学段的特点，深度体认精神价值，也是各学科合力育人的重要研究课题。

二、主题课程群的基本原则：价值体认、贯通整合、动态生成

主题课程群的实践以价值体认为核心，以贯通整合为主要方式，以动态生成为学习样态。主题课程群持续的、立体化的深度学习，打破了以知识点识记或能力养成为目标的简单训练模式，指向学生学习目标综合效应的达成。

（一）以价值体认为核心

主题双线并举（如图 5–2），一条是指向精神价值、思想情感、文化修养的目标线，一条是指向思维、方法、策略、技能的目标线，双线形成螺旋式上升、互动互促的学习态势。主题课程群追求的是知识、技能、情感、态度及价值观等多方面、多维度目标发展的综合效应。围绕主题，从感知储备，到丰富理解，再到价值体认，形成主题体悟的螺旋式上升，让学生在主题理解与体认的过程中，逐步形成正确的价值观，培养必备的品格与关键能

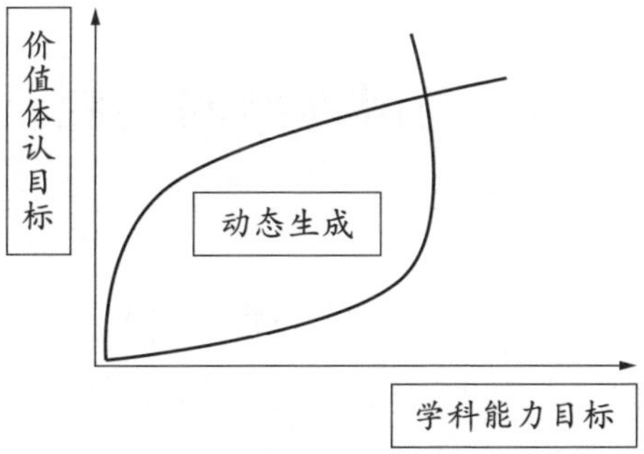

图 5–2　双线并举图

力，在心中埋下道德的种子，烙下精神的印记。

（二）以贯通整合为主要方式

主题课程群通过整合多元资源、多种路径以及贯通成长，实现多维目标的综合效应。横向上，以主题统整，整合各学科教学资源，充分挖掘各学科协同育人的价值。同时联动实践活动涵育价值，实现学科教学和实践活动的横向打通。纵向上，遵循学生身心发展的规律，贯穿低、中、高学段，整体达成“启程—知行—修远”学段三进阶课程贯通效应。通过横纵交融、多元联动的贯通整合方式，实现主题课程群整体育人的目标。

（三）以动态生成为学习样态

坚持“儿童站立在课堂正中央”的学习理念。“生成”体现的是一种既有起点又有终点的过程性学习。主题课程群的教学，把教学设计看作一个不断生成的过程，通过开放性的问题和情境创设，为师生创造性的发挥留出空间。师生建立起平等交往与互动的关系，学生拥有开放的质疑讨论空间，在多维对话、自主建构中实现主题意义的创生。

三、主题课程群的实施路径：教材生发、年度开发

主题课程群的实施主要有两种路径：一种是由教材单元主题生发的课程群；一种是围绕志向、抱负、坚持等中华民族传统文化核心语词，以经典阅读与成志人物为轴线的课程群（如图 5–3）。

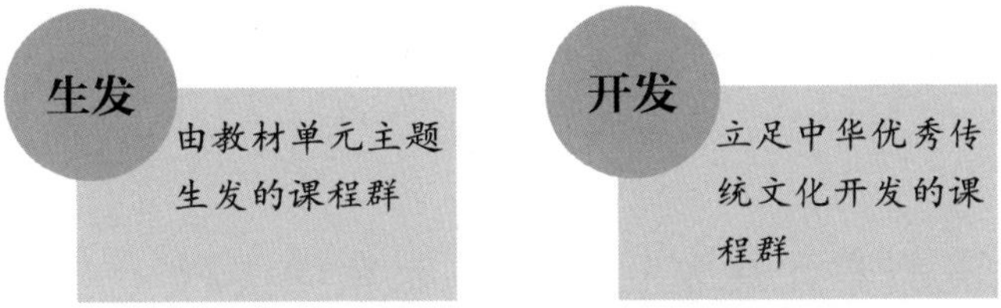

图 5-3　主题课程群开发路径图

（一）主题单元教学

从当前各学科教材中最常见的单元编排方式中生发，以主题统整单元内若干学习内容，使学习内容联系起来，形成常态的单元教学群，这是主题课程群实施的主干道（如图 5-4）。（学科主题单元教学实践案例详见本章原始档案一）

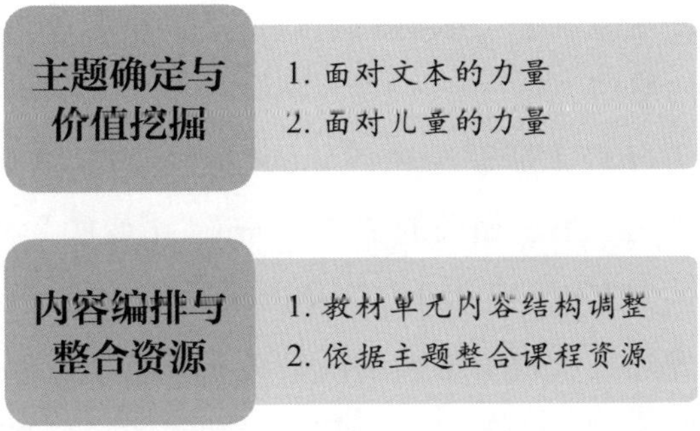

图 5-4　主题确定与内容编排

（二）年度主题课程群

深度挖掘学科教材的原生价值，并跨学科整合，提供多维度教与学的路径，再与真实场域打通，实现儿童生命的成长。（年度主题课程群实践案例详见本章原始档案二）

四、主题课程群的实践

（一）由教材单元生发：主题单元教学实践

我们以主题教学的思想为指导，以北师大版语文五年级上册“危急时刻”单元为例，做了主题单元整合教学的实践深化研究。

1.单元主题的确定与价值挖掘

单元主题的精神价值是从语言的建构、思维的发展、策略的梳理、精神的成长等维度确定的。首先，语文教师要对文本的原生价值与教学价值有深入而全面的研究，并结合教材的编排意图与教学目标，深度挖掘文本内涵。其次，语文教师要拥有面对学生的力量，懂得学生成长的需要，寻找文本资源与儿童生命成长的契合点，生发教材文本彰显的精神价值。只有让单元主题与儿童的真实成长相连接，才能生发语文教育的主题意义，才能在儿童的心中埋下价值的种子，留下精神的烙印。

北师大版语文五年级上册有一个单元的主题是“危急时刻”。教材并列呈现了几篇与“危急时刻”主题相关的文章——《“诺曼底”号遇难记》《生死攸关的烛光》以及自读课文《鸡毛信》，文章通过哈尔威船长、伯瑙德一家三口、海娃在危急时刻的表现，展现了他们崇高的英雄主义精神，使学生受到感染和教育。

（1）从教学价值的角度聚焦主题的挖掘与策略的梳理。教这三篇课文时，我们不能只是让学生粗浅地通过理解内容去感受崇高的英雄主义精神，而应该引领学生深入小说的字里行间，去感受船长的镇定自若、机智勇敢，进而体会其“船在人在，船亡人亡”的精神；把伯瑙德一家三口及海娃的精神置于战争与战斗之中，感受人民命运与国家命运之间的纽带，体会他们强烈的家国情怀。为了实现从人物形象到文化现象的跃升，我们在语言的积累上，聚焦“危急时刻”；在策略的运用上，大胆取舍，聚焦典型环境和典型情节中人物的言行。

（2）从儿童生命成长价值的角度聚焦成长需求与生命的契合。这一单元中的故事多发生在距离现在较久远的战争背景下，人物肖像和群像也带上了战争的色彩。因此，学生难以直接从文本中汲取精神营养。那么，怎样找到危急时刻的英雄主义精神与学生生命成长之间的契合点？这就需要结合五年级学生的身心特点与成长需求，让学生从表层语言中感知深层的实践体验，即实现由“知”到“行”，让主题真正烙印到学生的生命体验中。

五年级的学生，自我意识开始觉醒，在面临实际问题或紧急境况时，还需要果断处理的能力和勇敢担当的意识。因此，我们在教学时要在文本与学生之间架设一座桥梁，把教材中的危急时刻转化为学生生活中的紧急时刻、关键时刻、重要时刻，引导学生探究与实践，让他们在这些时刻不惊慌失措，沉着机智地应对困难，形成有益于他们生命成长的价值认同。

基于以上两点思考，我们确定了与五年级学生的生活贴近、成长需求相契合的主题“危急环境中的人物担当精神”。原来的教学目标如下：1. 梳理小说的情节，引导学生聚焦小说的环境要素，走进本单元的主题——危急时刻，体会环境的烘托作用；2. 聚焦人物的言行，让学生体会危急时刻人物沉着冷静的形象，深入感受人性的光辉。之后我们对它进行了调整：1. 理解小说的内容，聚焦典型环境的烘托作用，为感受人物形象做铺垫；2. 聚焦人物的言行，感悟文本中危急环境下人物勇于担当的精神。这样的目标优化，指向的是学科本质、学生的实际所得和深度学习。

2.内容的整合与重构

基于主题价值的深度挖掘，我们将原本分散的学习内容打碎、提取、重构、增补、整合，构建出以“危急环境中的人物担当精神”为主题的单元内容。

（1）学习内容的结构与编排。结构决定品质。教材围绕“危急时刻”，列出两篇主体课文和一篇拓展阅读课文；“语文天地”中的“日积月累”，让学生积累表示情况危急的成语、句子等。“初显身手”则从紧急救护的设施、措施方面开展活动，使学生树立防灾减灾的意识，防患于未然。“笔下生花”要求学生围绕“危急时刻”的主题，或记事，或写观后感，或说明急救的物品。

教材中的内容编排侧重于各自板块作用的发挥，它们独立呈现，平行推进，关联性不强。单元主题的推进，需要我们清晰定位各板块内容的教学功能，形成教学内容的联动链条。尤其是将“日积月累”与“笔下生花”放在主体课文之后，难以搭建教学进阶的台阶，更难以实现主题的意义。

于是，我们对教材中的内容进行了结构性调整，为学生打下语言学习的基础，使学生对这一单元的危急环境产生一个整体认知，让词语在整个单元的学习过程中不断被理解与运用，围绕《“诺曼底”号遇难记》展开单篇经典教学，夯实学生的阅读方法；在单篇阅读的基础上拓展阅读的情境，对《生死攸关的烛光》进行阅读，在单篇经典阅读的链条上培养学生的高阶思维；通过“读”“写”“演”的实践活动，将停留在书面上的“危急时刻”落到学生的笔头、手头和心头，从而让学生链接自己的生活体验，懂得在危急时刻应该充满勇气、从容淡定、讲求策略。

（2）学习资源的开发与整合。我们通过主题的确定、目标的优化为学习资源的开发设定了路线，规划了资源的价值性与整体性。为了深度实现主题的意义，需要对教材内容进行有益的补充，或完善，或丰富，或拓展，从而促进主题深度、持续地推进。我们对单元内容做了以下整合：其一，围绕课文，完善资源。《生死攸关的烛光》在选入教材时，受篇幅的限制，删去了前面的内容，而这些内容恰恰是为后文做铺垫的，因此，补充这些内容有助于解决学生阅读中的困惑。此外，人教版语文五年级下册中的《半截蜡烛》是这篇课文的另一种样式，我们将其引入教学中，因为同一内容不同表达方式的组合，有利于实现主题的意义。其二，围绕主题，拓展资源。比如电影《小兵张嘎》学生已经观看过，我们想让学生由影视体验走向阅读体验，于是把《小兵张嘎》整本书阅读整合进来。这架设了学生与“危急时刻”的桥梁。其三，围绕成长，融入生活。勇于担当的价值体认在于在困难与考验面前，敢于承担，乐于为他人排忧解难，遇到不良现象能有智有勇地面对。而在真实的学习、生活中，学生往往不敢担当，或想担当而无策略。因此，我们可以在感知、理解的基础上，提供日常学习、生活中的关键时刻、紧急时刻等真实的情境，培养学生勇于担当的责任意识，使他们做到知行合一。学习内容整体推进如图 5–5 所示。

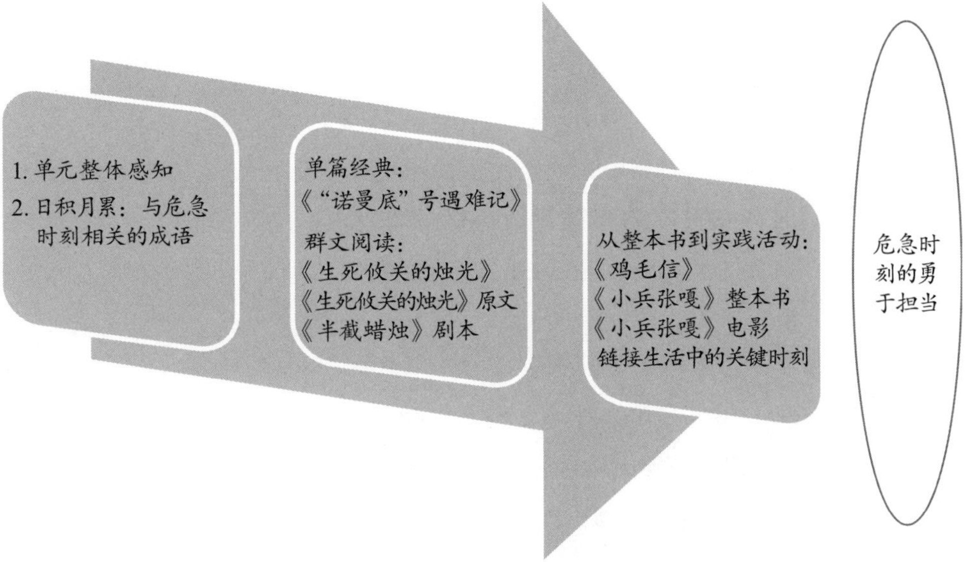

图 5-5　学习内容整体推进图

3.深度学习的设计与操作

学习，就是创造一些概念组块——通过主题将分散的信息碎片整合起来的过程。以理解为基础的主题单元教学，不是点状学习，而是链状联动，是一个持续、深入发酵的过程。为了让学习深度发生，我们应注重主题的推进、学习流程的有序设计与推进。

（1）单元主题的层层推进。

感知是主题单元学习的起点，是学生全身心积极参与、体验成功、获得发展的有意义学习的基础。让学生通过整体感知触摸危急环境；通过单篇经典课文的学习掌握学科的言语要素；在群文阅读的过程中理解学习过程、把握学科本质及思想方法，丰富理解；在“读”“写”“演”的实践活动过程中表现、创造，形成积极的内在学习动机、高级的社会性情感、积极的态度、正确的价值观（如图 5–6）。

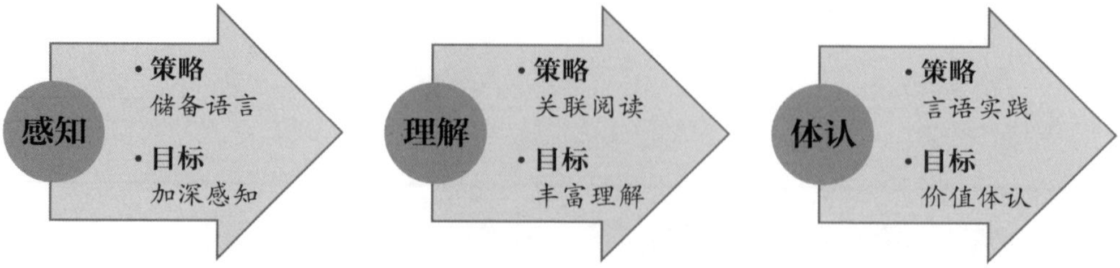

图 5-6　学习推进图

（2）用四个样态重塑学习流程。

①单元推进，夯实感知。其一，整组审视，全面感知单元内容。立足于知识的系统性和连接性，做到瞻前顾后，整体设计教学流程，避免“这一篇”和“这一组”严重脱节的弊端。让学生通读整体单元材料，将原本分散的课文、拓展文本整合起来，从轮船遇难、抗击侵略者等不同方面感知危急时刻人物的品质。让学生从走进单元开始，就以整体的方式感知单元内容，让感知从简单走向深入。（“危急时刻”单元整体阅读对比表见表 5–1）

表 5-1　“危急时刻”单元整体阅读对比表

课文	主要人物	危急时刻	主要事件	人物精神

其二，整合感知，对成语积累与单篇经典进行板块教学。言语积累，虽然要有一定的数量作为基础，但它不是一种孤立的纯语言积聚，不是知识的机械累加，而是新的认知结构的积极重建，要让言语的积累服务于学生进一步的言语学习和实践。要引导学生进入观察、思考、应用的过程，充分激发学生的主动意识和进取精神，拉动其内在引擎，这样才有理想的效果。带着这样的思考，我们让学生通过查字典、联系生活积累与“危急时刻”相关的四字成语。要深入感知《“诺曼底”号遇难记》中船长的形象，就要将文本中几个层次的“危急时刻”再现到位。

危急时刻一：船体大、负载重、速度快的两船相撞

危急时刻二：相撞引起的震荡可怕极了

危急时刻三：为了逃生，小艇险些被弄翻

三处危急时刻，环环相扣，层层递进，这能激活学生课前积累的四字成语。学生纷纷交流："这是火烧眉毛的危急时刻。""这是危如累卵的危急时刻。"……学生的语言与思维协同发展，他们深入感知了船长在危急时刻所展现出来的形象。

主题单元教学，首先让学生在整体感知阶段储备语言，围绕主题积累相关的语言，形成厚实的言语储备基石，从而深刻理解主题，激活后续的学习。

②关联阅读，丰富理解。主题单元教学将教学资源的全部潜态、显态信息置于整体视野下，用知识结构、系统思考等方式将信息组成一个有机统一的整体，从而使学习在高层次上产生新的变化。（关联阅读结构如图 5–7 所示）

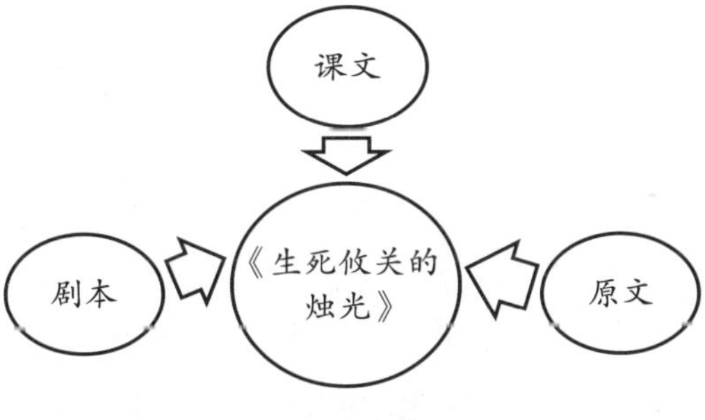

图 5-7　关联阅读结构图

关联一：整体还原文本面貌，让学生全面理解人物形象。

对不同样式的文本进行关联阅读。首先，与原文对读。在深入课文之后，学生对危急环境和人物精神有了初步理解，但课文在改编和删减时，大量关于背景介绍的细节被略去。因此，要补充原文，要让学生了解危急环境，这样，他们就更容易理解人物的言行。学生可能会产生疑问：两个孩子为什么这样做？他们为什么有这样的勇气呢？我们出示原文，让学生进行对比阅读，可以丰富他们对课文的理解。

关联二：汇集多种样态的文本，丰富学生的理解。

与剧本联读。引导学生抓住故事中的几个关键场景，共同创编《生死攸关的烛光》剧本。首先，让学生补充场景，设置对话和情境，尝试创编。然后，出示人教版教材中剧本样板《半截蜡烛》，组织“我们的创作与作家的创作大比拼”活动。学生在对比小说、戏剧表达的异同的过程中可以体会到情节的曲折对凸显人物品质的作用。

“一篇”与“一本”联读。让学生对比阅读《鸡毛信》（一篇）与《小兵张嘎》（一本）。将海娃与小兵张嘎经历的一个个危急时刻做成思维导图（见图5–8），展开对比。聚焦海娃与小兵张嘎在危急时刻的说法和做法，让学生在对比品读中发现他们言行的不同，体会他们的机智和勇敢。

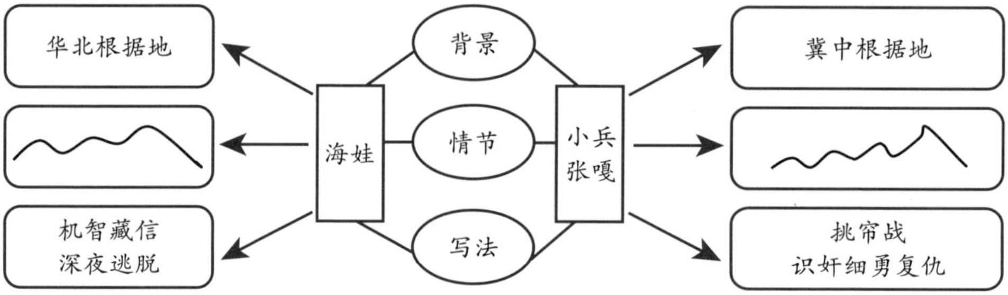

图 5–8　“一篇”与“一本”关联阅读

整本书与电影文本联读。电影与文学有着紧密的联系，电影有更为逼真、灵动的场景，文字则有更为广阔的想象空间。学生穿梭在电影与文字之间，既是对文字阅读想象的印证，又是对电影阅读的丰富补充。这样穿越文本样式的对比阅读丰富了学生的理解。

通过关联阅读，学生建立了系统性思维，不再只着眼于一篇课文，而是进行多个文本的“群”读，建立关于“危急时刻”的知识网络。同时，在这一过程中，学生学会了比较、辨析、梳理、归纳、表达、运用，从而习得了一定的阅读方法，建构了自己的知识体系，提升了阅读能力。

主题单元教学，首先要激活学生的语言储备，然后让学生对多种样态的文本进行联读，从而产生网状的言语效应，实现思维的跃升，进而实现对主题的深度理解。

③结合生活，突破体认。主题单元教学强调价值生成，从而促进儿童精神生命的成长。关于本单元的主题——危急时刻，学生往往缺乏个体经验，而文本不仅在言语方面，更在精神、价值等方面给予学生引导。在五年级这个阶段，需要培养学生在紧急时刻、关键时刻勇于担当的精神。

学生一般很少经历文本中那样的危急时刻，要设计贴近学生实际生活的言语实践活动，让学生在具体、真实的言语实践活动中深度体认处于危急环境中人物的担当精神等。

一是介绍成志榜样校友（见图 5–9）。

你了解学校百年历史人物吗？在关键时刻他们勇于担当，挺身而出，为学校和国家做出了卓越贡献。任选一位成志榜样校友，为他们写一篇介绍词。

图 5-9　成志榜样校友

二是采访申报榜样，讲述榜样故事。

姓名：＿＿＿＿＿＿＿（学生、家长或老师等）

故事：____

____

主题单元教学，重在寻找教材文本与儿童生活的契合点。教材中的榜样和学生身边的榜样都激励着学生做一名勇于担当的成志少年。

（二）年度经典开发：年度主题课程群实践

在实践与研究中，主题教学的课堂形态悄悄地发生了变化，从一课生发系列课的“群”雏形，发展到主题课程群。

1.主题课程群的整体构思

学校坚持以年度或学期为周期，以经典阅读和成志人物为轴线，横向打通学科壁垒，形成学科内整合、学科间整合、消弭学科整合三条路径，让儿童的学习有多种选择；纵向打通学段，使儿童在成志过程中逐步攀升。通过横纵联合的主题课程群，让儿童实现持续的、立体化的深度学习。（主题课程群发展历程详见第一章图 1–3）

2017 年，苏轼诞辰 980 年，我们把年度研究的主题确定为“逆境中的坚持”。师生将苏轼当作成志榜样，他们一起阅读苏轼，走进他的人生，走进他的世界。清华附小借助学科和活动两大课程基石，尝试用成志价值主题撬动学科内的深度学习、跨学科的创生学习，开展持续的、链条式的课程群学习。（苏轼主题课程群框架详见第一章表 1–3）

2.主题课程群的实践操作

（1）让学生在学科中穿梭，走进苏轼的精神世界。

低学段学习苏轼成语，中学段学习单篇古诗《题西林壁》，高学段学习组诗《饮湖上初晴后雨》《六月二十七日望湖楼醉书》，从教材《画家与牧童》拓展苏轼组文“东坡题跋”“苏轼之交”，并辅之以各年级的苏轼名句诵读、苏轼课前三分钟演讲等（如图 5–10）。语文学科围绕主题“逆境中的坚持”，深度挖掘语文学科的原生价值，生发其教学价值，实现学生语言、思维、精神的共同提升。

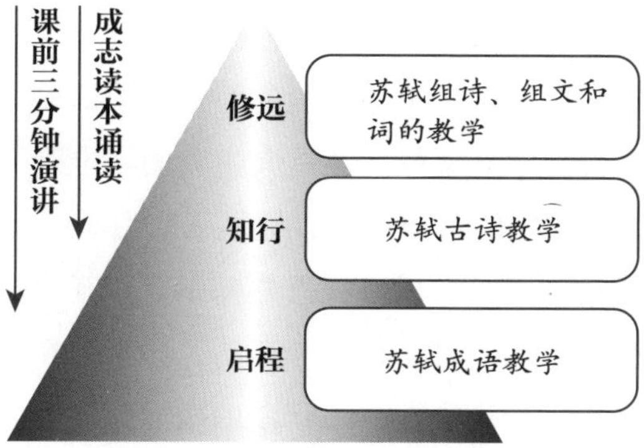

图 5-10　语文教学进阶图

从语文学科到全学科贯通。低学段：美术课上，学生尝试苏轼成语绘画；道德与法治课上，学生学习“吃饭有讲究”，整合了苏轼的养生之道。中学段：音乐课上学生学唱《念奴娇·赤壁怀古》，学吹竹笛曲《水调歌头·明月几时有》；体育课上“障碍接力”，让学生用苏轼跌宕起伏的人生地图做障碍接力跑的情境，富有创意。高学段：美术课上“苏轼的样子”，是学生了解与阅读苏轼后的另一种表达；英语课“Sushi”尝试苏轼诗词的世界表达。全学科贯通，以语文学科撬动全学科多维度、多层次的育人，提升儿童的实际所得。（各学科联动关系如图 5-11 所示）

图 5-11　各学科联动关系

让学生在阅读中感受苏轼文字的温度，在苏轼丰富多彩的文学世界里行走，与苏轼对话，走进苏轼旷达的精神世界。

（2）让学生在真实的场域中，提升对苏轼的认识。

学科课程与活动课程联动。不同学段的综合实践活动，如低学段的成语嘉年华、中学段的诗词大会、高学段的苏轼人生戏剧与走进博物馆等，打通了教学世界与生活世界，为学生的可持续发展提供了动力。

低学段以游戏活动为主，在成语积累的基础上，开展苏轼成语对对碰、讲述苏轼成语故事、拼搭苏轼成语秘籍墙等活动，让学生在有趣好玩的游戏活动中识记成语、生动表达、展示个性。中学段以乐学比赛为主，班班积累，人人参赛，让学生大量积累诗词，在朗诵诗词、创意表演、艺术创造等丰富的活动中提升自信，蓄积文化能力，提升精神面貌。高学段以戏剧、主题实践活动为主，有苏轼人生戏剧表演，让学生在角色扮演中，深刻体验苏轼的坎坷人生，丰富自己的生活智慧。学校还组织学生参观博物馆，丰富他们的认识。在每个学段，学生都会在实践活动中与苏轼相遇（如图 5–12）。

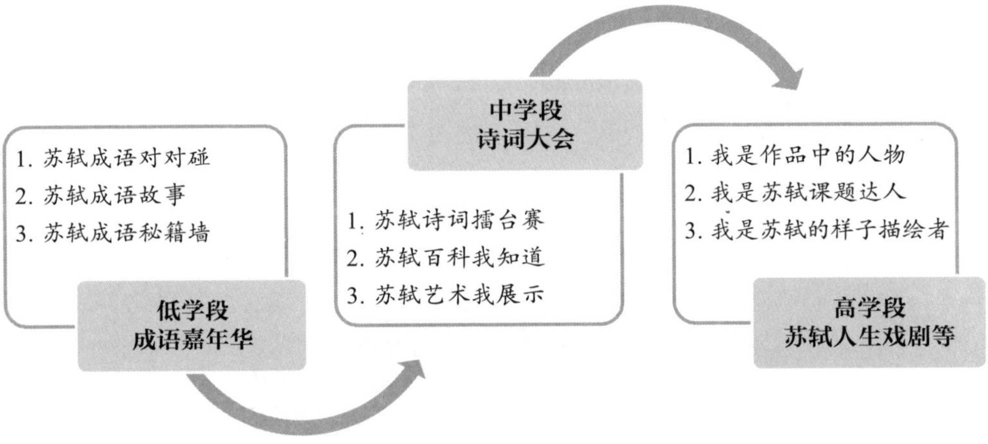

图 5-12　学段活动进阶

（3）儿童个性课程，促进学生的个性化发展。

拓展儿童个性课程，让学生根据兴趣爱好，自主选择小课题研究（见表 5–2）、美食烹饪、诗词创作、苏轼养生、苏轼书法、苏轼人文画、团扇创作等

不同的个性课程。(学生自创课题流程、评价量表详见本章原始档案三)

表 5-2 学生小课题研究

自主研究课题	题目	形式
兴趣研究	1. 苏轼美食介绍 2. 苏轼的朋友圈 3. 苏轼诗词诵读 ……	视频 小报 图画
问题发现	1. 苏轼词牌名研究 2. 苏轼坎坷人生路 3. 大数据告诉你苏轼诗词的秘密 ……	小课题
实践操作	1. 苏轼美食制作 2. 苏轼养生秘籍 3. 苏轼游戏飞行棋 ……	视频 实物展示

让学生主导课题研究的全过程，站立在课题的“正中央”，可以充分发挥他们的主观能动性和创造力，提升他们发现问题、分析问题、解决问题、总结问题的综合能力，促进他们个性化发展。

从成志系统育人看，主题课程群提供了主题鲜明、形式多样、内容丰富的课程，能把成志教育的思想贯彻到教育教学实践中。成志教育用传统经典文化点亮儿童的精神世界，以主题课程群为载体，让学生的积极探索和体验贯穿课程实施的全过程，让学生在阅读、积累、理解、运用、创造的过程中，习得语言、理解文化、发展思维、提升审美水平。

从学科合力育人看，主题课程群内容安排灵活，可以不断充实、不断生成，可以让学生触摸经典人物的审美境界、感知作品主题的精神价值，更重要的是可以让学生思考阅读与“我”的紧密联系，产生综合的育人效能。

从新技术的激活作用看，清华附小发挥信息技术的积极作用，让学生深度学习有了稳定的基石。主题课程群实现了深度学习，并有机融入信息素养，成为新时代深度学习的样本。

以“货币与我们”为主题的数学单元教学设计

主题价值

1.单元主题：货币与我们

2.价值确定：

①该单元内容切合学生的生活实际，学生应该学习真实的数学，在真实的生活中学习数学。

②探索适合儿童的学习方式：操作体验，积累购物经验。

③培养学生的数感，提高学生的应用能力，增强学生的创新意识。

内容编排

1.内容选择：

①货币文化（纵向：历史和未来；横向：各国货币）。

②认识人民币。

③解决简单的购物问题。

2.编排结构：

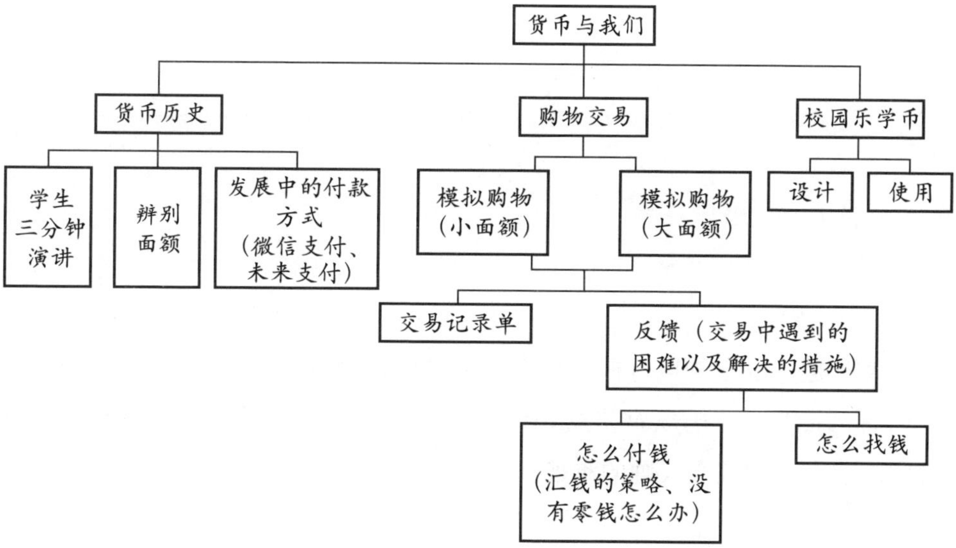

图 5-13　以“货币与我们”为主题的数学单元编排结构

操作流程

1.教学流程：

①了解货币文化。

②购物交易（一）——小范围。

③购物交易（二）——大范围。

④设计、使用乐学币。

2.组织策略：

①三分钟演讲。

②情境调动、任务驱动，小组合作，在实践活动中体验。

③自主设计。

主题价值

1.单元主题：雅趣

2.价值确定：

围绕雅趣，设立领域目标，把学习重点放在理解文人画的雅趣上。通过研究齐白石，打开学生的欣赏格局，让学生发现齐白石与潘天寿等画家的关系，思辨中西艺术，发现文人画的雅趣。

内容编排

1.内容选择：

设计本册重点课：《记写雁荡山花》《画家齐白石》《中国画——学画荷花》《中国画——学画青蛙》。

融合拓展内容：多幅潘天寿荷花图与齐白石青蛙图、李苦禅画鹰、张仃《哪吒闹海》草图及原作、袁运甫机场壁画《巴山蜀水》。

2.编排结构：

以了解齐白石带动对一册书中大部分艺术家的学习，围绕主题集中教学，详略得当，学习目标清晰。

操作流程

1.教学流程：

（1）统整领域，讲解主题。

通过了解齐白石带动对教材中其他艺术家的学习，把课与课关联起来。

（2）讲授新课，凸显主题。

用问题链，如“为何齐白石会画咸鸭蛋”等带动领域学习，研究中西绘画，凸显雅趣。

（3）学习拓展，体认主题。

用介绍艺术家齐白石的校本读物帮助学生理解雅趣。

2.组织策略：

（1）寻找课时内容之间的联系，挖掘领域之间的关系。

（2）学生围绕主题质疑，思辨艺术问题。

（3）用活动呈现艺术家之间的关系，为学生营造完整的知识情境。

以“Discover the World”为主题的英语单元教学设计

主题价值

1.单元主题：Discover the World

2.价值确定：

学习的内容不能凭空而来，课外延伸一定要和课内学习建立联系，这才是有效的拓展。教材中节日板块内容比较丰富，许多单元都涉及中西方重大节假日。此外，在六年级上册第一单元“Come Meet Our Friends”中，学生还学习了六个国家的基本信息。基于此，我们决定结合六年级上册第一单元开展以“Discover the World”为主题的单元整合学习。

内容编排

1.内容选择：

进行学科内整合，师生共同选定了几个比较熟悉但教材中未涉及的国家来开展此次文化之旅。教师指导学生收集几个国家的基本信息和特殊信息。

2.编排结构：

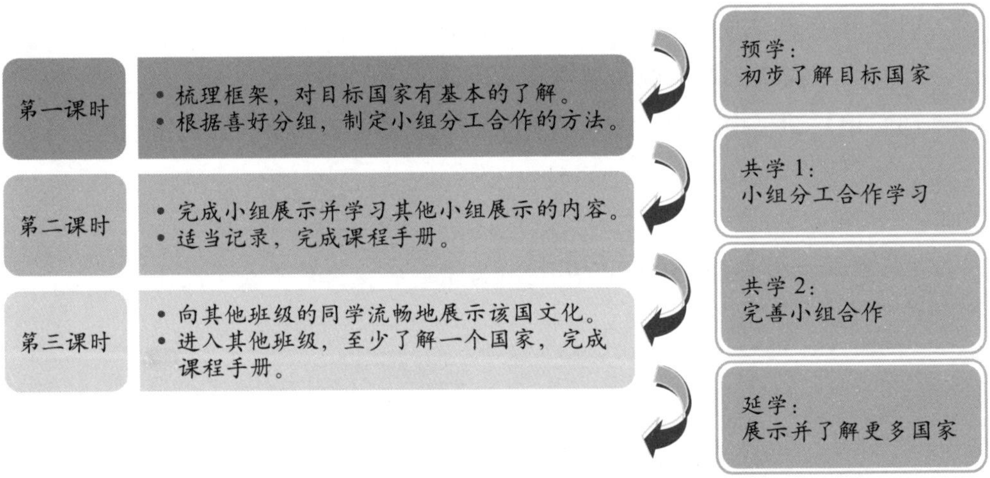

图 5-14 以“Discover the World”为主题的英语单元编排结构

操作流程

1.教学流程：

见上图。

2.组织策略：

班级学习阶段：不同的班级探究学习不同的国家。

第一课时，重新分组、分工。课堂上，借鉴学习课文中介绍美国的方法，师生共同整理出介绍一个国家的不同方面的思维导图。结合课前预学，简单交流自己了解的目标国家，梳理出还可以从哪些方面来介绍这个国家。最后学生根据自己感兴趣的话题重新分组，在新的小组内初步分工，明确任务。

第二课时，学生在班级内进行小组学习的展示，分享小组合作学习的成果。

学段交流阶段：展示自己班级深度学习的国家，并深入其他班级了解更多国家的文化。

结合学校的“中西文化月”课程，在高学段开展的“Discover the World”系列活动中介绍自己班级深度学习的国家，并学习了解其他国家。

苏轼年度主题课程群实践操作方案

以“好习惯成志目标”为主题的道德与法治单元教学设计

主题价值

1.主题：好习惯成志目标

2.价值确定：

①部编《道德与法治》一年级下册第一单元的主题为“我的好习惯”，二年级下册第一单元的主题为“让我试试看”、第四单元的主题为“我会努力的”。它们都贴近学生的学习生活，指向贯穿小学六年的好习惯的养成。

② 2017 年 9 月，北京市教委发布了关于印发《北京市中小学养成教育三年行动计划（2017—2019 年）》的通知，强调“养成教育是培养学生良好行为习惯的教育，是全面实施素质教育的必然要求，是培育和践行社会主义核心价值观的重要内容，是学生品德形成和终身发展的奠基工程”。

③清华附小形成了“六大养成教育主题”以及“成志少年的七个好习惯”，在此基础上形成了“成志少年养成三字口诀歌”“三三原则”“三张名片”等具体可见的好习惯外显行为。

内容编排

1.内容选择：

①了解好习惯的重要性。

②知道成志少年应具备的七个好习惯。

③制定自己的 21 天好习惯成志目标以及行动计划路线图。

④展示、分享、交流好故事与好做法。

2.编排结构：

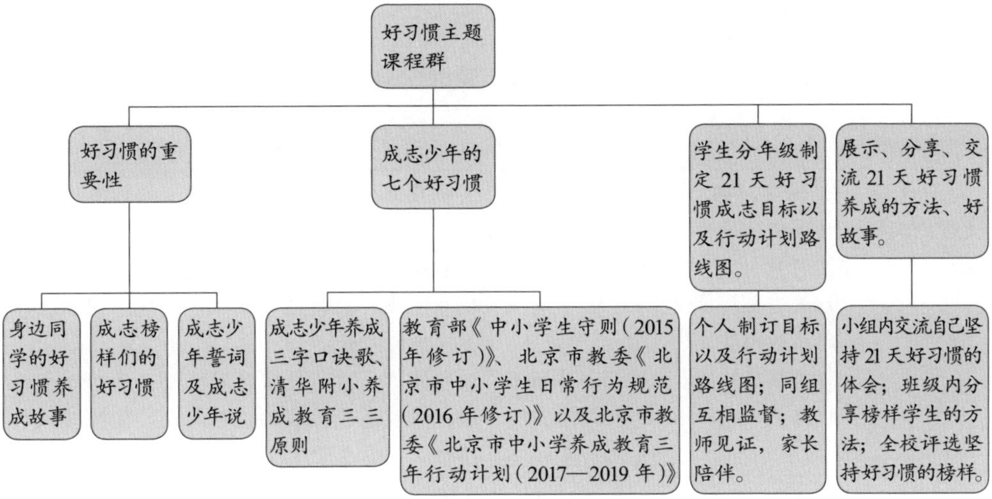

图 5-15　以“好习惯成志目标”为主题的道德与法治单元编排结构

操作流程

1.活动流程：

①开学典礼及第一课，发布召集令。

②班级内共学，制订好习惯目标以及行动计划。

③教师交流，家长指导，学生反馈修订。

④学生实施好习惯成志计划，在此过程中展示、分享，教师评价、引导。

2.组织策略：

①“道德与法治”课及班会课主导，各学科参与。

②情境调动、任务驱动，小组合作，在活动以及课堂学习中实践。

③自主设计，班级推进，学校展示，家校协同。

苏轼年度主题课程群设计方案

一、学科优质教学样例

表 5-3　苏轼年度主题课程群学科样例

学科样例	教学目标	教学过程
语文《古诗二首》	①诵读与想象，体味两首诗中晴雨变化的景象。 ②对比学习，体悟苏轼比喻的妙处，促进分析、对比等高级思维的发展。 ③链接苏轼的人生经历，体悟苏轼豁达乐观的人生情怀和态度。	①印象苏轼。通过预学交流、阅读苏轼的人生足迹图，初步感知苏轼的人生。 ②印象西湖。感知晴雨西湖，了解大意，发现相同点；品悟晴雨变化，发现不同点，评鉴比喻的妙处。 ③印象人生。通过默读苏轼十五年的人生地图，深入感受苏轼的坎坷人生，体悟苏轼的精神。
语文《东坡题跋》	①文白对读，走进题跋，进一步强化学习文言文的方法。 ②学习苏轼题跋，体会“画中意，画外音”。 ③小组合作，工具撬动，层层设疑。在深度思辨中，进一步体会“耕当问奴，织当问婢，(　)当问(　)……”之理。 ④提供题跋范文，让学生初步练习写题跋。	①在言语实践中走进题跋。小组合作，突破文言文字、词、句的难点与卡点，了解题跋大意，调动学生已有的生活经验和感知，重点体会“拊掌大笑”和“笑而然之”，进而关注苏轼写题跋的目的。 ②提供思辨原型，层层质疑。再次回到题跋本身，体会题跋的深远影响。当学生朗读体会达到第一个高潮时，创设思辨原型，呈现不同时期的斗牛图，引导学生深度质疑。 ③拓展思维的广度和深度。本节课呈现的“替换标点”的开放性问题，再次将学生的思维打开。 ④创作题跋。提供题跋范文，引导学生将知识内化，实现由读到写的自然过渡。
道德与法治“吃饭有讲究”	①养成良好的卫生习惯，懂得餐桌上的“讲究”，即规矩，注意用餐卫生，懂礼仪、知科学、保健康。 ②理解饭前洗手的重要性，学会正确洗手，以及在吃饭过程中保持个人、环境卫生的方法。	①以情景故事激发学生的学习兴趣，让学生知道饭前要洗手。 ②引导学生在活动体验中感知注意饮食卫生的重要性，学习苏轼的养生方法。 ③通过生活延伸，引导学生在实际生活中养成讲卫生的习惯。

二、活动安排

表 5-4　苏轼年度主题课程群活动安排

学段	主题	活动目的	活动流程
低学段	“阅读苏轼，乐学成志” 苏轼成语嘉年华活动	①积累与苏轼相关的成语，丰富语言储备。 ②走近苏轼，感受苏轼的文学的魅力。	①苏轼成语猜谜，启动趣味嘉年华。 ②苏轼成语对对碰，班级积累大接龙。 ③苏轼成语故事，现场三分钟演讲。 ④苏轼成语大集合，集体创作成语秘籍墙。
中学段	“体悟苏轼，砥砺成志” 苏轼诗词大会活动	①积累与苏轼相关的诗词，丰富文学视野。 ②体悟苏轼，学习苏轼豁达的气度与坚忍的意志。	①朗诵苏轼的立志名言，齐诵《成志少年说》。 ②台下台上互动竞猜，苏轼诗词人人懂。 ③戏剧展示，体验苏轼的风雨人生。 ④师生共诵《赤壁赋》，携手明天写新篇。
高学段	“善于学习，成志修远” 苏轼小课题研究汇报活动	①从自身兴趣出发，深入研究苏轼的文化魅力与人生智慧。 ②将苏轼的精神感悟转化为自身追寻梦想过程中的行动力量。	①活动预热，六年级以三分钟演讲的方式，讲解课题研究方法。 ②年级走班宣讲，班级代表在年级内流动分享小课题研究成果。 ③全段参观小课题展览，学习班级展出的丰富的、个性化的成果。

三、创造个性课程

1. 学生自创课题流程，如下所示。

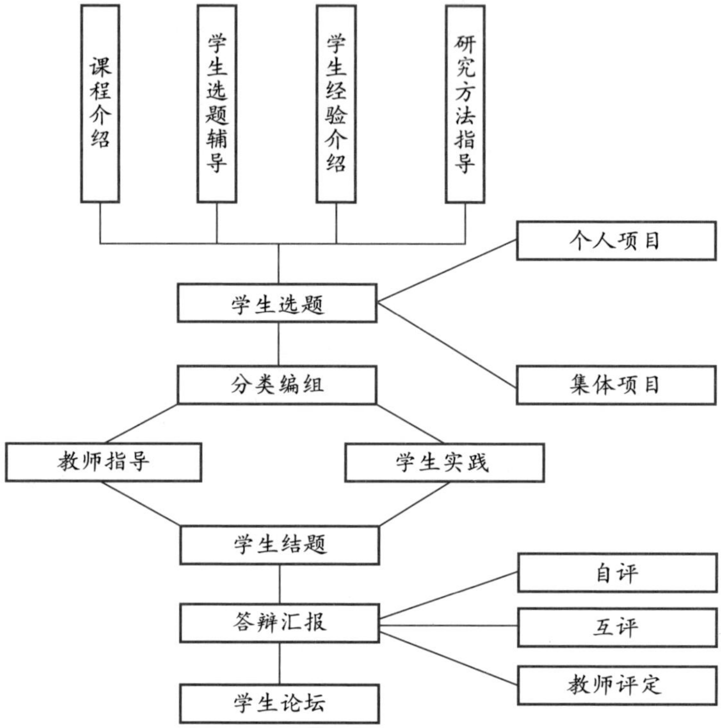

图 5-16　学生自创课题流程

小课题研究既有个人研究项目，也有集体研究项目。课题实行多元评价方式，旨在鼓励学生深度研究、大胆实践。

2. 学生自创课题评价量表，如下所示。

表 5-5　小课题研究评价量表

<table>
<tr><td colspan="6">小课题研究“　　　　　　　　”评价量表</td></tr>
<tr><td>姓名</td><td></td><td>班别</td><td></td><td colspan="2">年　　月　　日</td></tr>
<tr><td rowspan="2">评价指标</td><td rowspan="2">评价内容</td><td colspan="4">得分</td></tr>
<tr><td>自评</td><td>组长评</td><td>班级评</td><td>教师评</td></tr>
<tr><td rowspan="10">一、课题研究中的表现</td><td>1. 认真参加每次活动</td><td></td><td></td><td></td><td></td></tr>
<tr><td>2. 努力完成自己承担的任务</td><td></td><td></td><td></td><td></td></tr>
<tr><td>3. 做好资料积累和处理工作</td><td></td><td></td><td></td><td></td></tr>
<tr><td>4. 主动提出自己的想法，能和同学交流</td><td></td><td></td><td></td><td></td></tr>
<tr><td>5. 乐于合作，尊重他人</td><td></td><td></td><td></td><td></td></tr>
<tr><td>6. 善于思考，能自我反思</td><td></td><td></td><td></td><td></td></tr>
<tr><td>7. 关心同学，有一定的责任心</td><td></td><td></td><td></td><td></td></tr>
<tr><td>8. 乐于研究，勤于动手</td><td></td><td></td><td></td><td></td></tr>
<tr><td>9. 实事求是，尊重他人的想法与成果</td><td></td><td></td><td></td><td></td></tr>
<tr><td>10. 不怕吃苦，勇于克服困难</td><td></td><td></td><td></td><td></td></tr>
<tr><td rowspan="3">二、结题汇报中的表现</td><td>11. 表达流畅，语言简练</td><td></td><td></td><td></td><td></td></tr>
<tr><td>12. 思路清晰，汇报有层次性</td><td></td><td></td><td></td><td></td></tr>
<tr><td>13. 能回答同学提出的问题</td><td></td><td></td><td></td><td></td></tr>
<tr><td rowspan="3">三、撰写报告中的表现</td><td>14. 过程完整，思路连贯</td><td></td><td></td><td></td><td></td></tr>
<tr><td>15. 结果合理，有一定意义</td><td></td><td></td><td></td><td></td></tr>
<tr><td>16. 撰写规范，有结构</td><td></td><td></td><td></td><td></td></tr>
<tr><td>总评</td><td colspan="5"></td></tr>
</table>

注：1. 评价结果分五个星级

2. 五星表示优秀，四星表示良好，三星表示合格，两星表示尚可，一星表示仍需努力

第六章

成志教育机制：

儿童内生机制与教师激励机制

教育只有尊重儿童的成长规律，才会得到儿童的内在认同，才能体现出最大价值。成志教育从增强学生的内在认同做起，激发学生学习的内生动力，学生在自觉认同、自动践行、自主创造中逐渐成为成志少年。

同时，建立教师激励机制，实行价值领导，强化使命责任，实现从价值认同到价值践行的跃升。以价值引领、内心自觉的方式推动师德养成，让教师自觉地成为学生的榜样。

一、儿童内生机制

（一）儿童内生机制的出发点

1.儿童是成长中的人

儿童是不断生长的。小学阶段只是人生长河的一部分，教师要认识到校园生活是一段生命旅程，要告诉儿童“别担心，我们和你在一起”。在教育教学中，要把学生出现的“问题”当作正常成长现象，而不是现实结果；要从教育者的角度去理解、宽容、引导、等待学生，而不要定性评价，更不允许体罚、变相体罚以及挫伤学生自尊心、自信心的“心罚”。要知道“孩子犯了错误，上帝都能够原谅”。

2.儿童是完整的人

儿童的生命是完整的，教师要认识到儿童生命的完整性。儿童的发展包括德、智、体、美等诸多方面，而不仅仅是智育，更不是为了应试。教师的工作不能仅仅是让儿童学习一些知识、熟练掌握若干技能，而要着眼于儿童各方面的和谐发展，激发他们的成志情感，塑造他们的成志精神，使他们建立成志信念，最终成为全面而有个性的人。

3.儿童是有情感温度的人

儿童的生命富于情感。情感是获取知识的土壤和动力，是教育教学的催化剂。教师要对儿童充满爱心、加倍呵护，以情育情，尊重、赏识儿童，“蹲下身子与儿童说话”，不吝啬表扬和鼓励，恰如其分地送去赞美和大拇指，适度运用同理心，获取儿童的信任与依赖。教师要带着感情说话，而不要带着情绪训话。要知道，教师有一点儿不当的情绪，都可能会给儿童的一生造成严重的不良影响。

4.儿童是有独立人格的人

儿童不是成人的附属品。儿童从诞生之日起，就有属于自己的独特属性。每个儿童都是具有独立人格、独一无二的人。教师要尊重儿童的人格，尊重儿童生命的独特性，引导儿童自理、自立、自主、自律，培养儿童适应生活环境、抗挫折的能力，进而帮助他们形成个性化的成志品质。

下面，从以下几个维度谈谈。

（二）以价值认同激活儿童内生发展

儿童的发展是无我—自我—去自我（他我）这样一个过程。儿童首先在环境文化中或者说在成人意识的作用下获得各种外部信息，然后从他人与自己的关系中获得对他人和自我的认识，进而获得自主性发展。

1.在仪式教育中涵养学生的家国情怀，唤醒学生对成志价值的认同感

清华附小特别注重仪式教育。学校每天举行升旗仪式，学生自觉肃立敬礼；通过在开学典礼上集中宣誓等方式，加强学生对国家、民族的认同感；鼓励学生每天践行“微笑、感谢、赞美”，“微笑、感谢、赞美”三张名片，将社会主义核心价值观教育变成了可操作的外化的具体行为，渗透着中华优秀传统文化。（学生参与建设并自觉认同的学校文化符号详见本章原始档案一）

清华附小的仪式教育渗透着社会主义核心价值观与“志”的价值取向，将学生的理想与信念融入其中。在仪式教育中，教育者要了解学生的心理特点、生活环境，联系学生的个体经验、能力倾向和学习方式等，重视学生的独特感受；要努力帮助学生主动建立学习内容与自身所处环境的互动关系，帮助学生构建“志”的基本内涵，达到成志的目标。（重点仪式教育见表 6–1）

表 6-1 重点仪式教育一览

关键事件	教育环节	价值认同要点	典型事例
每学期开学典礼	1. 升旗仪式 2. 高年级与一年级手拉手 3. 学生誓词 4. 鞠躬礼 5. 击鼓鸣志	国家认同，责任、感恩，中华优秀传统文化	传奥运家国情怀，做清华成志少年
每周国旗下的讲话及每天的升旗	1. 升旗仪式 2. 六大主题养成教育 3. 学生誓词	国家认同、社会主义核心价值观教育、责任意识	“4+1”升旗模式
每天值周	1. 欢迎师生 2. 大手拉小手互帮互助	社会主义核心价值观教育	三张名片（微笑、感谢、赞美）
清明节	祭拜清华英烈	革命传统文化教育、爱国主义、政治认同、情感认同、价值认同	少先队员致敬清华大学的第一位共产党员施滉。
少先队员入队仪式	1. 佩戴红领巾 2. 宣誓、呼号	政治启蒙、政治认同、价值认同、社会主义核心价值观教育、理想信念教育	高年级与低年级手拉手讲队史、讲红色革命故事。
重大历史纪念日	1. 7 月 1 日建党节，致敬校园里的优秀共产党员。 2. 8 月 1 日建军节，向身边的军人致敬。 3. 9 月 3 日抗日战争胜利纪念日，利用学校广播站和电视台举行默哀仪式，观看主题纪录片。 4. 10 月 13 日中国少先队建队日，召开少代会，举行提案和大队委评选仪式。 5. 10 月 17 日校庆日，为校友们送上三张名片。 6. 12 月 13 日南京大屠杀死难者国家公祭日，利用红领巾广播站进行广播，进行默哀和主题学习活动。	社会主义核心价值观教育、理想信念教育、革命传统文化教育、生态文明教育、中华优秀传统文化教育	以艺术化的形式进行历史教育，以校史剧《丁香花开》为依托，以学校的戏剧课程为载体。

2.社会主义核心价值观的儿童化表达

培育和践行社会主义核心价值观是落实立德树人的重要任务。成志少年“承志”，就要践行社会主义核心价值观，将其落实、落细，使其内化于学生的心灵，外化为学生的具体行为习惯。清华附小不断对社会主义核心价值观的内容进行转化，以六大主题“言行得体、协商互让、诚实守信、自律自强、勇于担当、尊重感恩”为核心，形成三字口诀，传唱成歌曲（《成志少年养成三字口诀歌》见本章原始档案二）。三字口诀歌让价值塑造不仅有高度，更有深度和温度。根据小学生的身心发展特点，形成外显的具体行为。比如，课堂上有体现民主平等的手势文化“拇指赞、问号弯、关注闪”。

3.公益实践——价值认同的自觉践行

清华附小将公益活动链接价值认同，让学生从内隐的学习走向外显的实践行动，逐渐形成了学校、班级、家庭及社区四个维度的长期、全面、有针对性的公益实践体系（见表 6–2）。参加形式各异的公益实践活动，是学生深入理解公益精神、践行社会主义核心价值观的重要载体和途径。

表 6–2　清华附小公益实践体系

<table>
<tr><th>维度</th><th>内容</th><th>成果</th></tr>
<tr><td>学校</td><td>“大手拉小手，共读一本书”、图书义卖、捐赠冬衣、送春联等。</td><td rowspan="3">1. 坚持举办图书义卖活动，辐射范围从清华园到北京市，乃至全国。
2. 平均每学期参与人次高达 4800 人次，筹集善款约五万元，捐献图书一万余册，新建图书馆六所，捐赠冬衣近万件。</td></tr>
<tr><td>班级</td><td>跳蚤市场、走进太阳村、建立图书馆、担当小导游等。</td></tr>
<tr><td>家庭及社区</td><td>清理小广告、捡垃圾、送福字等。</td></tr>
</table>

4.研学旅行——从天地大课堂中汲取价值养分

清华附小积极开展研学旅行活动，让学生接受革命文化和中华优秀传统文化的熏陶，给学生注入红色基因，使学生形成正确的价值观。

2017 年 6 月，成志少年们沿着第一面军旗的足迹，登上了“云横九派浮黄鹤，浪下三吴起白烟”（毛泽东诗）的红色庐山，领略了庐山险峰的无限风光，对庐山会议等历史知识有了初步的认识；走进古都西安，探寻“一带一路”的起源，感受中华民族悠久的历史和改革开放以来取得的巨大成就，了解国家“一带一路”宏伟蓝图。

（三）让学生自创、自选课程，激发学生的学习内生动力

清华附小让学生自创、自选课程，有效激发了学生的学习内生动力，培养了学生的兴趣和能力。

1.“水木秀场”——学生自创课程

清华附小关注学生的个性成长，为学生提供了自创课程展示平台——“水木秀场”。

学生本身就是教育资源。车模搭建高手小宋同学是“水木秀场”第一期的参与者，他向全校学生展示自己的车模，在讲台上滔滔不绝地讲述车模知识，现场的同学纷纷称赞。有“小达尔文”之称的小李同学，不仅在学校里举办了昆虫展，还向全校学生做了关于昆虫的讲座，接受了中央电视台的采访……

到 2018 年初为止，清华附小的“水木秀场”已经举办了 275 期，小中医、小魔术师、唱歌达人、健步走大咖、高尔夫运动爱好者、冰球爱好者、小小书法家、课件制作小达人、吟诵高手等一一涌现。

清华附小始终让儿童站立在学校正中央，从学生的成长出发，给其施肥、浇水，提供土壤、空气和阳光，尊重儿童个性化发展。

2.课前三分钟演讲撬动深度学习

课前三分钟演讲，是学生自创的，以口语表达为主要形式，将演讲内容作为学习资源的微课程。课前三分钟演讲能激发学生的学习兴趣，促进学生思维的发展，增强学生的信心，提升学生的精神面貌。演讲既可结合教材内容，又可立足中华传统文化经典，还可以是学生自主探究的实际问题等。学生自创的演讲内容丰富多样，丰富了课堂学习内容。如立足传统文化经典的三分钟演讲（见表 6–3），每个学段的侧重点不同，低学段侧重于了解人物，中学段侧重于

讲述故事，高学段侧重于小课题研究、研究报告。

表 6-3　立足传统文化经典的三分钟演讲

传统文化经典	三分钟演讲内容	学段
典型人物 （鲁迅、苏轼）	1. 我眼中的鲁迅 2. 我知道的苏轼 ……	结合学段特点实施
经典作品 （成语、寓言）	1. 成语故事 2. 寓言故事 3. 唐诗宋词 ……	
重要节日 （文化、人物）	1. 寒食节 2. 清明节 3. 世界读书日 ……	

围绕一个主题或概念，三分钟演讲形成了符合学段特点的三进阶。如围绕“与鲁迅相遇”，学生进行了三分钟演讲（见表 6–4）。

表 6-4　围绕主题“与鲁迅相遇”的三分钟演讲

学段	内容	题目
低学段	亲近鲁迅	鲁迅和他的作品、鲁迅的故乡、参观鲁迅博物馆、鲁迅兄弟
中学段	鲁迅绘本创作	鲁迅作品中的花草、鲁迅的故乡、鲁迅笔下的儿童
高学段	解读鲁迅作品	我心中的鲁迅、孤独的呐喊者、鲁迅的乡愁、鲁迅与美术

三分钟演讲采用学生自主评分（占总分的 20%）、学习小组评分（占总分的 30%）、班级评分（占总分的 20%）、教师评分（占总分的 30%）相结合的评价方式。这种评价方式不仅能全方位、多角度地考核学生的学习效果，而且有利于发挥学生的主观能动性，锻炼学生自我评价和评价他人的能力。我们还建立了小组演讲赞美机制，这极大地增强了学生表达的欲望，增强了他们的集体荣誉感。

3.自选课程，让学生找到自己的兴趣点

学校的真正价值和成果质量，体现为给每个学生的发展提供支持并促其增值。当前我国全面深化基础教育综合改革，提倡基于核心素养的育人质量，关注人的发展，不限制、禁锢学生的思维。学校在遵循党的教育方针和国家课程标准的基础上，引导、保护、助力学生个性化成长。清华附小进行了多年的探索和实践，突破原有的管理习惯，尊重学生对学习资源的“消费习惯”“消费偏好”，把学习的自主权交给学生。

学校给予学生公平的发展机会。“1+X 课程”中有 60 多门自选课程供学生选择，以培养其兴趣及能力。

清华附小结合学生兴趣调查分析报告，在每天下午三点半之后，分类、分层开设发展志趣的课程。以 2017 年为例，学校对全校 2200 多名学生进行了兴趣调查，学生的兴趣取向调查结果如图 6–1 所示。

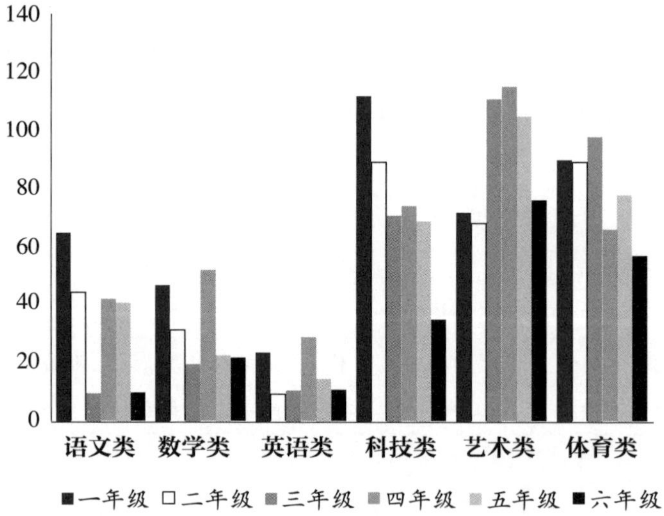

图 6–1　2017—2018 学年度成志少年的兴趣取向统计图

学校开设的兴趣课程情况如图 6–2、图 6–3 所示。

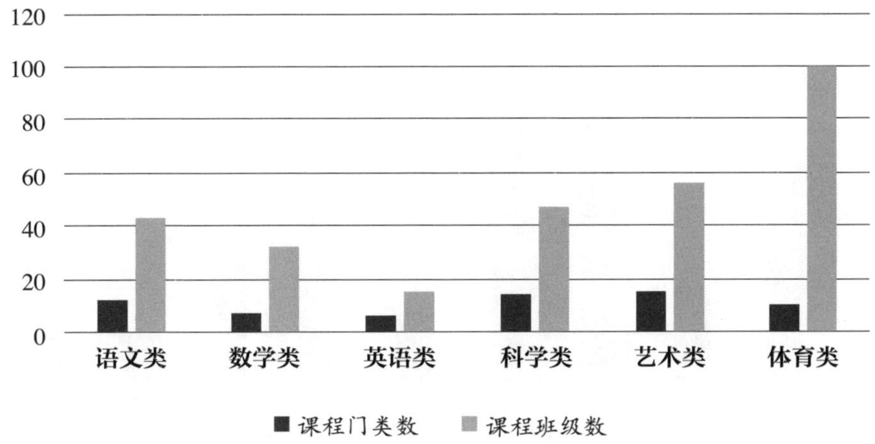

图 6-2　2017—2018 学年度成志少年自选课程情况统计图

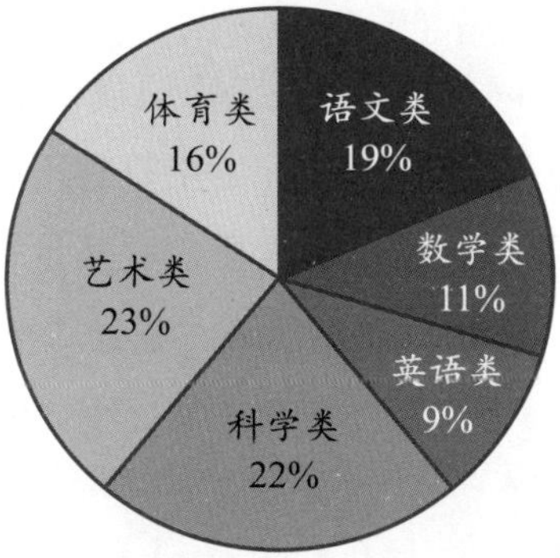

图 6-3　2017—2018 学年度成志少年各类自选课程所占比例统计图

学校还根据学生志趣发展的需要，开设了具有挑战性、发展性的兴趣社团。学生根据自己的特长，在导师的带领下组建专业社团。以四年级某班级为例，全班 42 人，每个人都有自己的兴趣爱好，并且都有持续发展自己的兴趣的愿望，因此都申报了专业社团（见图 6–4）。

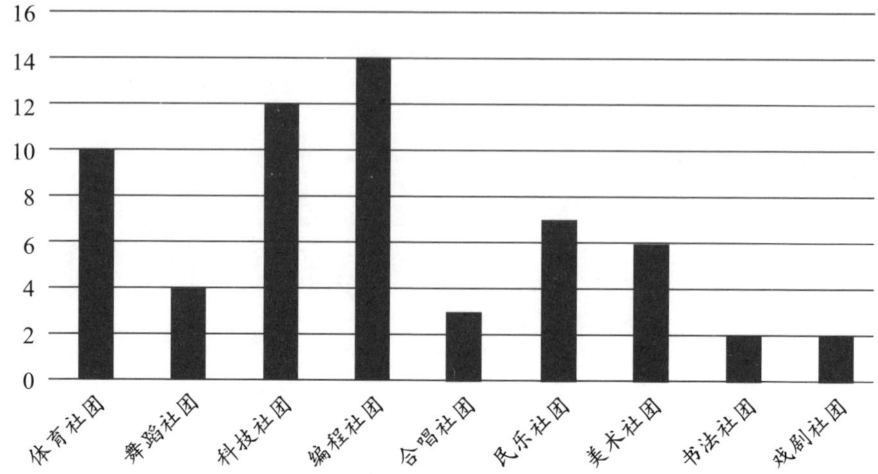

图 6-4 四年级某班参加各类社团的人数统计图

清华附小的每个学生都有体育自主选修项目，如足球、篮球、健美操、轮滑、板球、棒球、游泳等。在同一时间，学生打破班级界限，根据爱好组成新的班级，体育教师则根据自己的特长，执教相应的项目。清华附小的每个学生至少要熟练掌握两个运动项目，练就一身好体魄，弘扬“至少为祖国健康工作五十年”的传统。(2017—2018 学年度各年级体育自选情况统计详见第一章表 1–4)

4.让学生参与学校项目建设，推动他们自主发展

儿童天生具有探究欲和创造的本能，儿童内生机制的核心就在于尽力把儿童身上失落的东西——主体性寻找出来，将其放在社会发展和国家需要的坐标系中进行引导。当这种本能与社会性的价值需要结合在一起的时候，教育的灵动和活力就会得到绽放，这又会继续推动学生向更高层次自主发展。

学校通过提案履责、志愿服务、平台分享等方式鼓励学生积极参与学校管理（儿童参与学校项目建设机制详见第一章表 1–5），充分听取学生的意见和建议。

最突出的例子就是学生通过调查研究，推动学校垃圾桶重新摆放。学生历经 20 天，对 120 名学生进行了问卷调查，提出了关于垃圾桶摆放的建议（参见本章原始档案三）。在这一过程中，学生获得了自我发展。

5.让学生参与学校的“三协同共育机制”，实现自我表达

清华附小形成了文化浸育、环境美育、家校共育三协同共育机制，始终关注儿童成志的诉求和表达，始终坚持儿童价值观塑造的核心追求。学生参与文化浸育，与教师一起编制《清华大学附属小学办学行动纲领》，每年由少先队大队委组织“马约翰体育节”“成志榜样经典阅读月”等系列活动；学生参与环境美育，参与成志博物馆建设，共同参与命名学校 7 座主体建筑、20 余处校园景观；学生参与家校共育，积极参加家校学习共同体、家校沟通日、亲子共学日、周末亲子阅读等活动，参与评选“十大成志好家风”，传播榜样家庭故事，实现家校的同频共振。

二、创建教师激励机制

（一）愿景领导

以成志教育为共同的价值观，激励教师成志，实现从价值认同到价值践行的跃升，把“努力用敬业、博爱、儒雅成就每一个学生，把学生的成长当作自己的最高荣誉”作为教师成志的内在追求。同时，教师主动向社区和家长传播成志价值观，让更多的人成为成志教育的“一致行动人”。

心中有信仰，成志有力量。清华附小打造了一支师德修养高尚、教育思想先进、综合素养高、教学水平突出、科研能力强，能够促进学生健康成长的专业化教师队伍，每一位教师都将“把学生的成长当作自己的最高荣誉”落实到实际行动中。

《清华大学附属小学办学行动纲领》（见图 6–5）确定教师的职场生命“样态”为敬业、博爱、儒雅。全体清华附小人立足课堂，把上好课作为自己崇高师德的表现之一，倡导社会主义核心价值观，用自己的学识、阅历、经验点燃学生对真善美的向往，把学生的成长当作自己的最高荣誉。每个教师努力成为师德高、教艺精、底蕴厚的专业化教师；懂得在学生未来对社会的贡献中体现

自己的人生价值；在学生今日之爱戴与未来的回忆中，实现富有乐趣与成就的教育人生。

图 6-5　逐年修订的《清华大学附属小学办学行动纲领》（2011—2017 年）

教师发现学生，学校发现教师，教师创造学校。《清华大学附属小学办学行动纲领》中的精神与金句、学校年度语，如“认同百年文化，享受每一天的学习与工作”“从黑板世界走向实践世界”“每天都过一种充满工匠精神的生活”等，已经融入了每一个教师的精神血脉。

心中有信仰，脚下有力量。理想信念就是清华附小的教师精神上的“钙”。基于《清华大学附属小学办学行动纲领》，在发现教师的过程中，清华附小坚持党团带动教师价值观培育的做法，一名党员就是一面旗帜，充分发挥党支部的政治核心作用，加强教职工队伍建设和师德教育。党员、团员教师坚持用人格魅力感染人，用行动和奉献引领人，勇于担当。《清华大学附属小学办学行动纲领》就是清华附小师生成志的法宝。

（二）推行教师长效养成机制

清华附小把师德养成作为一个长期习得的过程，通过一系列措施和制度，确保师德逐步提升。制定《清华大学附属小学办学行动纲领》，通过学期卓越教师、年度成志榜样教师、“每月一星”和“金点子奖”评选，把成志作为教师共同的价值观。

强调激励与赞美。心存正念，遇事正思维，传递正能量。学校创造各种机会，运用多种方式，将正式表扬与非正式表扬相结合，发现每个教师的优点与亮点，为全体教师树立学习楷模，让每一位对清华附小有贡献的教师都有获得赞美的机会。

清华附小每个月都会评出“每月一星”“金点子奖”（见图6–6）。他们的海报张贴在清华附小的每个角落里，学生驻足细看，尤其是发现曾经教过或正在教自己的教师时，自豪的表情溢于言表。

图6-6　每月一星及金点子奖

学生对上榜的教师说——

> 您敬业，每逢我们学习上有困惑时，总是悉心关注，课下单独辅导，放学后还要再次询问；您博爱，您把六（6）班当成了自己的家，把我们每个人当作自己的孩子一样装在心里；您儒雅，脸上总是充满笑容，对我们永远有耐心。

面对学生的肯定与喜爱，教师却谦虚地说——

> 真的感谢孩子们对我的褒奖。其实我感觉自己还可以做得更好。面对学生的问题，有时我会束手无策，有时我会反应过度，这都是需要改进的呀！学习是一种信仰。在接下来的日子里我会坚持学习，努力成为一个不仅敬业，还博爱、儒雅的教师。

心存感恩，常知愧疚，卓越攀行。当一种评价能够引发教师发自内心的反思与感恩时，这种评价是不是就算成功了呢？

价值引领的教师个体发展与团队导向的评价相辅相成，共同促进教师不断超越自我。

1.团队考核

制定管理团队、学术团队、段部团队评价实施细则，进行优秀团队评比。在此基础上进行研究中心负责人、段部长等正向考核评价。

2.有奖也有惩

寻找制度管理和人文关怀的契合点，建立奖惩制度，奖勤罚懒。进一步改革学校评价机制，对学校各层管理者、任课教师、班主任、后勤教辅人员等进行量化评价考核。将此评价作为竞聘岗位的重要参照。

3.学生与家长共同参与

发展性教师评价不仅在教师之间、管理者与被管理者之间，更要充分体现学生立场和家长参与。学校充分利用少代会，以评课、问卷、采访等多种形式，对学校管理者、教师，以及教育教学、社团活动等进行评价。学校通过校园网、问卷调查、家长会等多种渠道，征求家长对学校和教师工作的意见和要求，从而改进学校工作。

4.深化人事制度改革

根据清华大学人事制度改革战略以及清华附小卓越教师计划，即“影响力教师和发展力教师培养计划”，管理者进一步促进清华附小分系列的人事制度改革，把学校人力资源部建设与学校未来发展战略及各种资源建设整合起来，科学设置岗位，把合适的人放在适合的岗位上，增强绩效工资发放方案的科学性，使其起到激励作用。

“八项教师发展性评价机制”遵循最近评价原则、全方位评价原则、发展性原则。

其一，教师的工作、业绩评价常态化，有月评（如“月度人物”“金点子奖”等）、期评（如“说句悄悄话”活动）和年终评（如“十大成志榜样教师”，见图 6–7）。

图 6-7　2018 年清华附小十大成志榜样教师

其二，离评价主体最近的教师和学生参与评价，不进行越级评价。如果“我”是一名任课教师，参与评价“我”的人员有“我”的学生、“我”的学生家长、“我”的同组教师，而校长不参与任课教师评价；如果“我”是一名“双肩挑”的教师，既是中层管理者又是任课教师，参与评价“我”的人员有“我”的学生、“我”的学生家长、“我”的部门教师及“我”的上级领导。

其三，评价内容与评价主体贴近。如评价任课教师侧重于“师德高、教艺精、底蕴厚、发展快”等，而评价教学、管理“双肩挑”的教师，则不但关注“师德高、教艺精、底蕴厚、发展快”，还要关注“正、勤、坦、廉”等管理者素养及对教师队伍的引领和带动等。

清华附小的教师发展性评价，将外在奖惩和内在发展统一起来。在评价取向上，基于发展，总结过去，立足现在，面向未来；在评价内容上，不仅关注教师的教学业绩，也关注教师科研、合作的绩效；在教师评价方式与方法上，整合过程性与终结性评价，将他人评价和自我评价有机结合起来，采取“过程数据 + 关键事件 + 榜样引领”的教师评价体系，形成教师自评、家长及学生评价教师、教师之间互评和管理者参与评价四个维度，将纵向比较与横向比较结合起来，以评促反思，以评促发展，最终转化成生产力，作用于学生的实际所得，为学生聪慧与高尚的人生奠基。

（三）以未来为导向培养教师的专业素养

编制《成志教师手册》，形成教师育人实践的价值指南，通过“项目管理”“影子校长”“十分钟微党课”“青年共同体”等机制，推动教师主动提升自己的专业素养，成为能够适应未来教育需要的教师。

清华附小建立“岗位、激励、发展”三大体系，助力塑造专业化的教师队伍，促进教师成长。

1.岗位体系

根据学校发展目标和课程改革的实际需求，在对同类学校进行调研的基础上，清华附小重新划分教育、教学、研究、管理、信息、资源保障等各部门职能。减少学校管理层级，构建扁平化组织结构，实行“段部制”管理，设置“四中心”，落实“岗位双聘”制度，学年末由校务委员会聘中层，由段长聘教师，管理者及职工竞聘上岗，促进教职工自我修炼，实现人员流动与岗位调整合理化（见图 6–8）。

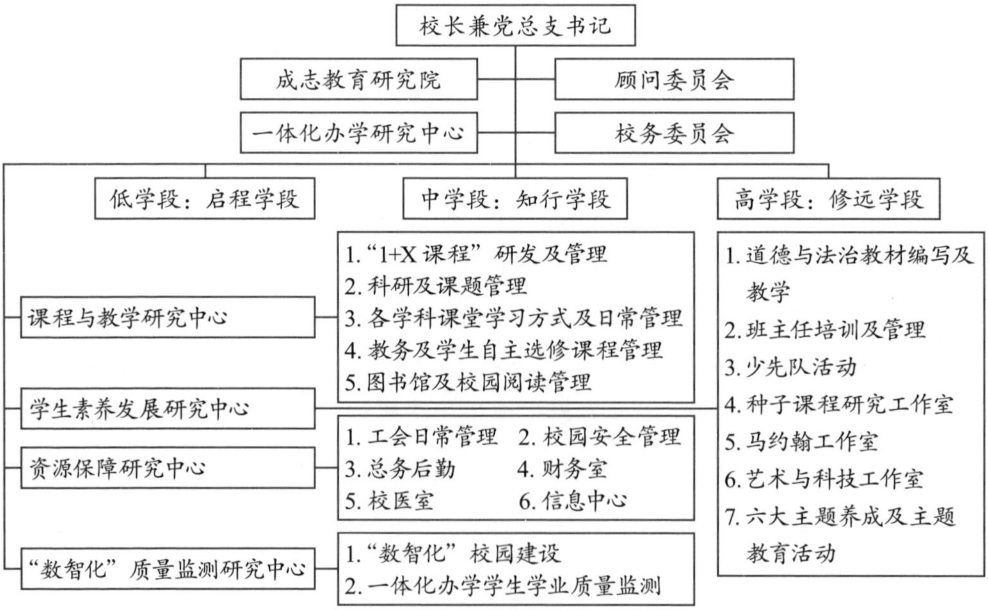

图 6–8　清华附小组织结构图（2017 年版）

2.激励体系

学校优化绩效评价，将教师工作整合归纳为“教学科研 ：教育管理 ：公共服务 = 4 ：4 ：2”，针对各部分工作进行定量与定性评价，在绩效评价上体现“多劳多得，优劳优酬”原则。

3.发展体系

其一，不断优化分系列的职级聘任制度。将学校职级与职称、骨干称号加以区别，打造校内成长与个人待遇提升的“第二把梯子”。学校职级以教师的专业素养、引领作用和责任担当作为评价标准，职级制度分为教师系列、班主任系列、管理系列、教辅系列。鼓励教师在团队中“重实干，能引领，讲奉献”，职级聘任结果与当年度绩效待遇挂钩。

其二，学科配套，实施“名师团队建设工程”。以名师团队建设为手段，带动教师成长，推动学科建设。

其三，实施“校本成志培训工程”。整合校本培训，加大“大师进校园”、班主任培训、学科教研、“青年共同体”等系列培训力度，帮助教师成为敬业、博爱、儒雅的成志教师。

儿童的内生机制让儿童走向自觉成志，教师在激发儿童内生机制的过程中自我实现和自我超越，在学校成志教育的整体实施中形成了儿童与教师相互激励、共同成志的机制。

ORIGINAL FILE 原始档案 一

学生参与建设并自觉认同的学校文化符号

一、清华附小校徽

学校校徽（如图 6–9）的主体是丁香花，丁香花是我们的校花。紫色的丁香花代表谦虚、神秘、高贵。书本托起丁香花，花蕊由四只金色的飞鸟组成，丁香花盛开的季节，就是放飞金色童年的时候！

图 6-9　主标识

二、百年标识与校庆日

清华大学的标志性建筑 —— 二校门被红领巾围绕，组成数字 100，寓意清华附小已经有 100 年的历史，百年的附小，成志的附小（如图 6–10）。无数丁香花环绕，寓意清华附小的学生从小就是“清华人”，是国家未来的小主人，是国家的希望。学校校庆日为每年 10 月 17 日前后，即 10 月第二个周末。

图 6-10　辅助图形

三、清华附小校花

清华附小的校花丁香花（如图 6–11），校园里随处可见。丁香花在盛开的时候一簇一簇地连接在一起，颜色鲜艳，姿态挺拔，象征着成志少年团结向上的精神。同时，清华大学的校花是紫荆花，与丁香花为同一色，也体现了清华附小与清华大学的衔接关系与文化关系。

图 6–11　校花

四、清华附小吉祥物

吉祥物（如图 6–12）以清华附小校花——丁香花为基础，通过拟人化的手法，表达了清华附小的基本诉求与学校属性。丁香花的花瓣同时也是吉祥物的翅膀，象征在清华附小的每个孩子都是追梦的小天使。

图 6–12　吉祥物

五、《清华附小校歌》及《我爱运动——清华附小运动之歌》

每周一国旗下的讲话，学生都会唱校歌，用行动表达认同“选择了清华，就选择了一生的责任”；每天晨练微课堂，每次体育大课间，学生都会伴着《我爱运动——清华附小运动之歌》进行锻炼和运动，体现了对“每天体育‘三个一’，健康工作五十年”价值的追求。

清华附小校歌

王玉田 曲
清华附小教师 词
李宝仓 制谱

亭 的 钟 声， 我 们
仿 佛 看 到 断 碑的 掠 影，
断 碑 的 掠 影。 我 们
传 承 自 强 不 息，
向 着 那 聪 慧 高 尚，
前 行， 前 行！

我爱运动

——清华附小运动之歌

叶圣涛 词曲

李宝仓 制谱

ORIGINAL FILE 原始档案二

学生自编《成志少年养成三字口诀歌》

围绕六大主题品格养成，根据社会主义核心价值观，经过师生共同参与、多轮修改，清华附小师生编写了《成志少年养成三字口诀歌》。编写和创作的过程也是师生深化和学习社会主义核心价值观的过程。发挥少先队干部的作用，采取校内抽查、进班检查等多种形式，利用课前三分钟演讲、学校重大集会等各种机会，让学生将社会主义核心价值观内化于心。音乐课上又对《成志少年养成三字口诀歌》进行谱曲，使其成为学校合唱活动必唱曲目，还利用音乐微课堂、水木童心电视台以及课前一歌活动，不断地传唱，将价值观教育的内容变成学生素养养成的具体行为，并以护照为载体进行过程性记录。《成志少年养成三字口诀歌》具体内容如下。

言 行 得 体

清华人　知礼仪　讲文明　修养好
进校园　衣整洁　红领巾　佩戴好
走路轻　靠右行　坐立时　胸挺好
交谈时　体端庄　目交流　表情好
爱树木　护花草　公共区　秩序好
言语美　仪表优　举止雅　精神好

协 商 互 让

有大局　会服从　知原则　长相宜
有分歧　能协商　轻私利　增友谊
有荣誉　同分享　人有难　齐助力
有小异　求大同　遇无礼　莫斗气
有矛盾　换位想　常沟通　取双赢
有交往　善分享　择其善　心境怡

诚实守信

说话时　表如里　讲真话　办实事
做事时　讲诚信　能互助　重品质
交往时　心坦诚　待人物　须真挚
犯错时　虚心改　晓以理　动以行
承诺时　须恪守　言与行　终一致
考验时　有信义　忠与诚　为宗旨

自律自强

思无崖　行有矩　守规则　能自律
生气时　宜冷静　极兴奋　能自制
今日事　今日毕　家务活　能自理
擦桌椅　扫地面　讲卫生　能自主
倡节俭　不浪费　零花钱　能自管
勤锻炼　有意志　遇危险　能自护

勇于担当

讲正义　有正气　明事理　晓是非
讲平等　创和谐　凡遇事　正思维
讲参与　肯付出　尽己能　心无愧
讲公益　喜奉献　乐服务　主动为
讲智勇　敢承担　遇险恶　巧面对
讲责任　尽全力　做善事　心灵美

尊重感恩

父母情　重如山　懂孝敬　晓伦理
师生情　深似海　尊师道　念师恩
长辈情　记心间　有礼节　知回报

同学情　应呵护　互尊重　忌无礼
朋友情　懂珍惜　相扶持　互鼓励
祖国情　怀敬意　忠一生　永铭记

ORIGINAL FILE
原始档案三

学生提案履责举例

学生关注校园生活，以小组合作等形式进行提案履责，参与学校的管理与建设。在此基础上，学生的内生发展能力不断迁移和延伸，他们积极关注社会生活，运用所学知识，提出问题并尝试解决问题，表现出了勇于担当的精神和成志少年具有“天下情怀”的核心素养。

《校园垃圾桶摆放设计》研究报告

校园垃圾桶摆放，既要考虑便利性，又要做到数量尽可能少，以达到绿色环保的目的。为此，我们小组进行了一系列调查与研究。

一、调查问卷的设计与操作

1.设计调查问卷的目的和指导思想

设计调查问卷的目的有三个：一是了解被调查者对扔垃圾的认识与态度，二是了解被调查者对使用垃圾桶及扔垃圾的要求，三是了解被调查者对我校现有垃圾桶的摆放、使用等的评价及改进建议。

设计调查问卷的指导思想：所提的问题要明确易懂、文字简练；要方便操作，不要过多地耽误被调查者的时间。

我们小组设计的调查问卷如下所示。

调　查　问　卷

您好！希望您能在百忙之中抽空填写此调查问卷。请您在相应选项（单选）上打“√”。

1. 您扔垃圾时会分类吗?

A. 会　　B. 不会　　C. 偶尔

2. 如果班级没有垃圾桶，您会怎么处理垃圾？

A. 扔到地上　　B. 扔进位洞里　　C. 扔在别处的垃圾桶里　　D. 给别人

3. 您能忍受垃圾在手上多久？

A. 1 分钟　　B. 5—10 分钟　　C. 半小时以上

4. 您认为垃圾桶上应该有环保标语吗？

A. 应该有　　B. 不应该有　　C. 无所谓

5. 您认为我们学校的垃圾桶容量大吗？

A. 大　　B. 不大　　C. 还行　　D. 没注意过

6. 您认为我们学校的垃圾桶美观吗？

A. 美观　　B. 不美观　　C. 还行　　D. 没注意过

7. 您认为我们学校的垃圾桶摆放位置方便吗？

A. 方便　　B. 不方便　　C. 还行　　D. 没注意过

8. 您希望 / 喜欢班级有垃圾桶吗？

A. 希望 / 喜欢　　B. 不希望 / 不喜欢　　C. 无所谓

谢谢您的支持！

2.调查对象的选择

问卷的发放要有随机性、代表性，要分层次。

确定调查对象为四、五、六三个年级的学生，发放调查问卷 120 份（占三个年级学生总数的 20%）。

之所以把调查重点放在高年级，是因为他们在学校学习、生活的时间较长，熟悉学校环境。与入学时间较短的低年级学生相比，高年级学生往往判断能力更强，认识更深刻。我们希望从他们的调查问卷中得到更真实、更有用、更有效的信息。

3.调查问卷的统计分析

首先要剔除无效问卷（可能有胡写乱画的问卷、白卷），然后对有效问卷进行统计，并写出统计分析报告。

二、实地考察的要求

1.确定考察的地域范围（略）

2.考察的内容要求

在学校平面图上标记垃圾桶的位置与个数；记录每个垃圾桶的大小、形状，上面有无环保标语；记录每个垃圾桶的使用情况、垃圾桶周围的清洁卫生情况。

3.写出考察分析报告

三、调查结果分析

1.问卷调查结果分析

本次发放调查问卷 120 份，回收有效问卷 104 份。问卷调查结果统计如下：第一题，57.7% 的学生扔垃圾时会分类，9.6% 的学生不会分类，32.7% 的学生偶尔分类；第二题，如果班级没有垃圾桶，4.8% 的学生会将垃圾扔到地上，8.7% 的学生会扔进位洞里，80.7% 的学生会扔在别处的垃圾桶里，5.8% 的学生会将垃圾给别人；第三题，26.9% 的学生能忍受垃圾在手上 1 分钟，29.8% 的学生能忍受 5—10 分钟，43.3% 的学生能忍受半小时以上；第四题，52.9% 的学生认为垃圾桶上应该有环保标语，6.7% 的学生认为不应该有，40.4% 的学生认为无所谓；第五题，15.4% 的学生认为学校垃圾桶容量大，13.5% 的学生认为不大，58.6% 的学生认为还行，12.5% 的学生没注意过；第六题，26.9% 的学生认为学校的垃圾桶美观，13.5% 的学生认为不美观，55.8% 的学生认为还行，3.8% 的学生没注意过；第七题，32.7% 的学生认为垃圾桶摆放位置方便，16.3% 的学生认为不方便，45.2% 的学生认为还行，5.8% 的学生没注意过；第八题，72.1% 的学生希望 / 喜欢班级有垃圾桶，10.6% 的学生不希望 / 不喜欢，17.3% 的学生无所谓。问卷调查结果统计如图 6–13 所示。

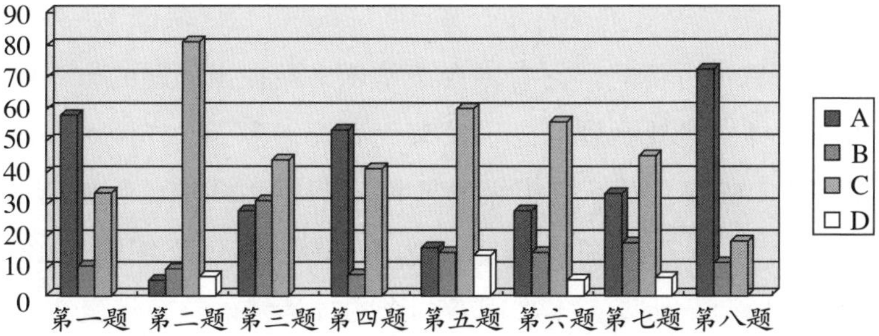

注：纵坐标是百分比

图 6-13　问卷调查结果统计

2.实地考察结果分析

（1）目前的垃圾桶数量及分布情况。

我们学校的垃圾桶分布在丁香书苑、联盛馆、华韵楼、启程楼、知行楼和修远楼。每个垃圾桶都有用处，垃圾桶周边的卫生也很好，但是垃圾桶的数量不够，只有 21 个（不算厕所里的）。

（2）垃圾桶分布的合理之处。

①学校的每一幢楼外都有一个垃圾桶。

②每层都有垃圾桶，方便同学们扔垃圾。

（3）垃圾桶分布的不合理之处。

①垃圾桶数量太少。

②垃圾桶摆放位置不合适，同学们很多时候不能及时找到垃圾桶。

③垃圾桶上没有分类标识，造成好多同学乱扔垃圾。

④每个班缺少一个垃圾桶。

⑤垃圾桶不够美观。

四、小组的思考

问卷调查是课题研究的一种重要途径。调查对象（四、五、六年级的同学）认真对待问卷调查，问卷回收率特别高，反映了清华附小学生极高的自觉性和主人翁精神。本次调查结果是我们进行设计的主要依据之一（还有实地考察结果）。

1. 收集的信息是可信的。问卷调查法是以书面提出问题的方式收集资料的一种研究方法。样本量要合理（少了没有代表性，多了操作困难，可能会产生很多无效问卷）。在四、五、六年级发放调查问卷 120 份，收回有效问卷 104 份，问卷回收率为 86.7%，样本覆盖率为 16.5%（以 3 个年级共 18 个班，平均每个班 35 人计算）。所以，本次问卷调查的统计结果是有代表性的。

2. 调查结果是可量化的。问卷调查结果便于统计分析，可以用调查数据来解说信息的内涵。

3. 信息具有很强的客观性。研究者可以从问卷上了解被调查者的基本态度与行为，不会把自己的主观偏见带入调查研究之中。量化结果的客观性很强。

4. 较小的百分比也不可小觑。几个较小的百分比引起了我们的注意。比如，把垃圾扔到地上的同学占 4.8%，把垃圾给别人的同学占 5.8%，这反映了少数同学的行为不文明，有待改进，他们环境保护的自觉性还有待加强。这部分信息与我们的设计关系不大，但也不可忽视。

5. 从问卷调查中得出的结论。

（1）目前我们校园的垃圾桶摆放位置方便、外形美观，垃圾桶的容量可以满足需要。

（2）大部分同学比较喜欢或希望班级有垃圾桶，他们认为垃圾桶上还应该贴有环保标语，以提高同学们的环保意识。这是设计时应该考虑的。

五、建议书

我们小组对课题的调查研究历时近 20 日（3 月 11 日—3 月 29 日）。通过问卷调查、实地考察、查询资料，我们对校园垃圾桶摆放得出以下看法与建议。

清华附小的 21 个垃圾桶分布合理，每一幢楼外、每层楼都有一个垃圾桶，方便同学们扔垃圾。分布在丁香书苑、联盛馆、华韵楼、启程楼、知行楼和修远楼的垃圾桶都有用处，垃圾桶周边的卫生也很好。应该说，目前我校垃圾桶的摆放及使用是基本令人满意的，但是垃圾桶分布及设计还有改进空间，具体建议如下。

1. 班级教室里至少应该有一个垃圾桶，这样同学们不用走出教室就可以扔垃圾。班级里的垃圾桶不要太大，避免占据太多空间。

2. 增加垃圾桶的个数。比如，放学时可以在每栋教学楼外放一个临时垃圾桶，以便每个班的值日生倒班级垃圾。

3. 学校的垃圾桶要有明确的分类标识，以便同学们对垃圾做出分类。

4. 垃圾桶上应该贴有环保标语。

例如，“你们舍弃的却是我的最爱，它们在这里找到了归宿”“呵护我们的环境，与万物共享尊荣”……

这些通俗、温馨的标语既可以教育同学们爱护环境，不乱扔垃圾，也是学校环境育人的体现。

5. 将垃圾桶设计得更美观，符合我们小学生的审美观。

关于完善“12岁以下未成年人禁止骑行共享自行车”实施与监督机制的提案

提案方式：北京青少年模拟政协

提案学生：曹亦清［清华大学附属小学四年级（8）班］

指导教师：窦桂梅（清华大学附属小学）

一、问题

随着我国科技的不断发展，人们的生活水平越来越高，高科技产品已经进入了大家的日常生活。比如共享自行车，扫码解锁的方式十分便利，可以随时随地停放，节省时间和体力，促进绿色环保出行，受到了大家的欢迎。目前，仅北京市就有100多万辆共享自行车。

《中华人民共和国道路交通安全法实施条例》第七十二条明确规定：“驾驶自行车、三轮车必须年满12周岁。”2017年8月，交通运输部、公安部等十部委联合下发《关于鼓励和规范互联网租赁自行车发展的指导意见》，明确规定“禁止向未满 12 岁的儿童提供服务”。

通过新闻资料查阅、道路实地观察和多次采访调研，我们发现 12 岁以下的儿童独自骑行共享自行车上路的情况屡见不鲜。一些小学周围摆满了各式各样的共享自行车，放学后不少小学生一窝蜂跑到共享自行车那儿扫码开锁、骑车离校，但他们骑车时摇摇晃晃，横冲直撞，让人看得心惊胆战。而家长和老师们，有的毫不知情，有的看到了也不管，甚至认为孩子骑共享自行车理所应当。媒体曾多次报道过儿童骑共享自行车导致的事故：2017 年 1 月，深圳 3 名 12 岁左右的孩子骑共享自行车摔伤，导致手臂严重骨折；2017 年 3 月，长沙 1 名 10 岁女孩骑共享自行车摔倒，腹腔出血，住进重症病房；2017 年 3 月，上海 1 名 11 岁男孩在骑共享自行车时，不幸被大客车碾轧身亡；2017 年 4 月，深圳 1 名 10 岁儿童骑共享自行车与汽车相撞，导致牙齿断裂；2017 年 4 月，天津 1 名 9 岁男孩在骑共享自行车时，车的手柄插入脖子……这些 12 岁以下未成年人，因为骑共享自行车惨遭车祸，甚至失去生命的案例，触目惊心。

对未成年人，特别是 12 岁以下的未成年人来说，共享自行车已经成为一大安全隐患。目前，“12 岁以下未成年人禁止骑共享自行车”的监管体系需要尽快完善。

二、现状分析

虽然大部分共享自行车服务商根据《关于鼓励和规范互联网租赁自行车发展的指导意见》，粘贴了“严禁 12 岁以下儿童骑行”的标识，但据我们观察，要么已经脱落，要么标识字体太小，很多人根本不会注意到。在街头的随机访问也证实了这一点，我们问到的人绝大多数都表示不知道骑共享自行车还有年龄限制，普遍认为只要会骑就可以骑走共享自行车。我们通过调研还发现，在手机上下载共享自行车 APP，它们多数注明的年龄限制是 4 岁以上，并没有指出必须年满 12 岁才可以骑行，存在漏洞。我们还观察到有些共享自行车的车锁遭到了破坏，使得一些没有手机的未成年人，也可以骑共享自行车。还有些儿童聚在一起玩猜密码的游戏，破解容易打开的车锁，然后骑行上路。

同时，伴随着生活水平的提高，儿童的身高发育、心智发展水平已经发生变化。我国2004年制定的《中华人民共和国道路交通安全法实施条例》应按社会发展实际进行调整，增强现实性，这样才能更好地维护它的权威性。当前儿童身高差异很大，公园门票、公交车票等儿童免票标准都是按照身高制定的。然而，关于自行车骑行这个与身高关联密切的标准不能简单地仅以12岁为界。据统计，目前大部分12岁以下儿童已经学会骑自行车，甚至家长已经为孩子购买了专用自行车，因此，一些儿童会很自然地选择骑共享自行车。而一些小学门口和周围停满了各式各样的共享自行车，儿童骑共享自行车似乎成了常态。然而，由于交通安全知识教育不充分，骑车时未佩戴保护头盔，导致儿童骑车受伤时有发生。

三、建议

1. 加强对共享自行车APP服务漏洞和车锁安全等服务质量的监管

督促共享自行车服务商把APP下载安装者的年龄限定在12岁以上，这样可以避免12岁以下儿童随意下载共享自行车APP，避免留下服务漏洞；制定“禁止12岁以下儿童骑行”标识的行业标准，包括字体、字号、颜色等，以及标识粘贴的位置，确保其醒目且不易脱落；定期对共享自行车停车区的标牌与车上的标识进行检查和更新，确保标识清晰可见；定期对共享自行车的车锁质量进行检查，确保未成年人无法私自骑行。

2. 交通管理部门、城市管理部门、社区、教育部门等加强宣传、教育和管理

交通管理部门大力宣传“12岁以下未成年人禁止骑共享自行车”的理念，在小学门口设置禁停区，并且利用APP或者告示牌提醒市民不要把共享自行车停放在小学门口；城管部门及街道组织力量协助共享自行车服务商及时清理学校门口的共享自行车，上学和放学时间段派专人巡查；教育部门定期进行交通安全知识宣传和教育，并鼓励用情景剧或小报等多种形式，普及自行车交通安全知识；街道和社区居委会定期进行安全知识讲座，加强“12岁以下儿童严禁骑自行车上路”的宣传。

3. 加强对《中华人民共和国道路交通安全法》落实情况的调研，结合实际，细化条例，完善实施

交通管理部门协同教育部门对 12 岁以下儿童骑自行车情况进行调研。我国是自行车王国，提倡绿色出行，引导安全骑行，是利国利民的长远大计。在尊重客观规律的基础上，以共享自行车的使用为试点，允许 10 至 12 岁的儿童在家长陪伴下骑行，佩戴安全头盔，掌握交通安全规则，尽量少使用小汽车等交通工具。这既可以弥补现状与法规的不匹配，也可以为缓解学校门口交通拥堵助力。

四、结束语

儿童是祖国的未来和希望，我们需要全社会的关心和爱护，希望社会各界都高度重视共享自行车交通安全，进一步完善“12 岁以下未成年人禁止骑共享自行车”的实施与监督机制。这需要政府、共享自行车服务商、社会、学校和家庭一起努力。

第七章

成志教育评价：

过程数据+关键事件+榜样引领

跟踪个体成长的过程数据分析为学生评价提供了新视角，其意义在于为学生与教师寻找成长和成志的新空间、新台阶。

关键事件是为学生铸造成志路标，推动学生沿着成志阶梯拾级而上。

在强调自我的外部文化语境中，榜样正逐渐成为被遗忘的词语，重新发现和强调榜样的力量，帮学生寻找价值追求，这是成志教育熠熠生辉的亮点。

成志教育在引领师生共同成长的过程中，注重通过以“过程数据＋关键事件＋榜样引领”为特色的评价体系给学生提供个性化的精准服务，激励学生寻找自身的发展潜能，把自我实现与社会责任担当统一到成志立人的追求中。

成志教育下的学生评价，充分发挥价值引领作用，形成了“全员、全过程、全方位”的立体式评价体系，既有基于学业标准的阶段性量化评价，也有学生自主对成长中重要经历的质性描述，还有让自己成为他人榜样的激励性评价（详见本章原始档案一）。

一、学生评价的新挑战与新可能

成志教育强调基于每个儿童个体，聚焦一个个完整的人，促使其沿着“呵护兴趣—培养乐趣—激励志趣”的进阶路径迈向成志。评价，是为了让儿童更好地发展。多一把评价的尺子，就多一批优秀的儿童。《清华大学附属小学办学行动纲领》中写道：“学校办学既要防‘应试唯一’，也要防用素质教育做掩护的‘无所作为’，即‘不唯分数’，却因学生素养的提升而‘赢得分数’，实现能力与素养的统一。”我们不囿于“一张考卷定高低”的成绩评价，既关注全体儿童的完整成长，又重视每个个体的独特成长。如何促进每个学生全面而富有个性地发展？基于对学生发展各要素定性和定量的刻画，提供个性化服务的“菜单”是必然路径。信息技术的高速发展让更好地描述、分析、建议成为可能。清华附小的学生评价改革指向未来发展的可能性，基于小学六年完整的供给周期，勾勒每个学生的成长“图谱”，探索儿童在小学阶段完整的成长“模型”。

我们采用线上线下不同载体的跟进式评价，积累学生大量的成长数据，以此分析个体学生的特征，为学生成长提供个性化的精准服务。

（一）学生的差异性要求学校提供精准化服务

尽管每个年级的学生有着大体相同的心理特点，但他们的先天素质、后天生活环境及所受家庭教育不同。面对这些成长环境、经历、个性迥异的学生，如何让他们站立在学校正中央？教育需求的个性化和多样化，对学校教育的精准化供给提出了极高要求。

我们就“今天的儿童与以前的儿童差异在哪里”对四个校区的 332 名教师进行了问卷调查，调查结果统计如图 7–1 所示。

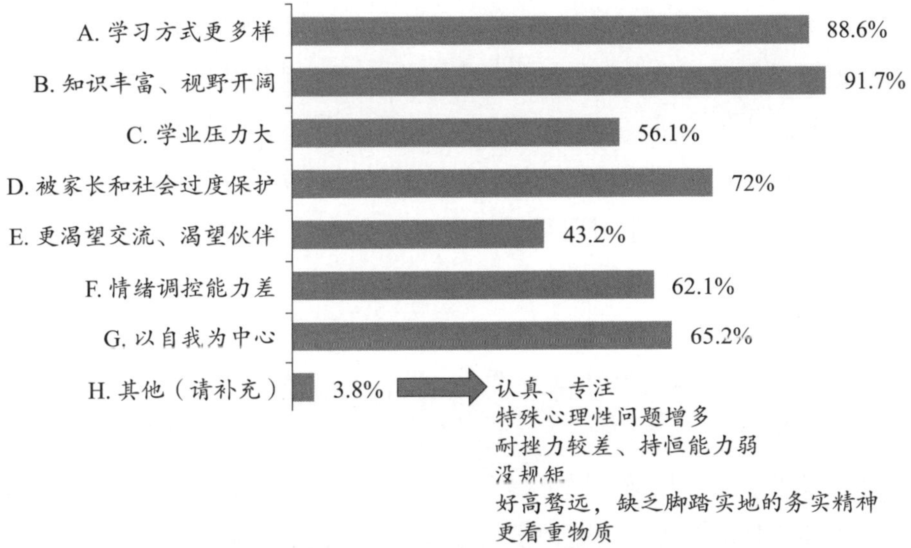

图 7–1　“今天的儿童与以前的儿童差异在哪里”问卷调查结果统计

调查结果表明，今天的儿童与以前的儿童存在明显的差异。

学生的差异既指横向学生个体之间的差异，也指纵向不同时代学生的差异。当今社会的急剧变化导致价值虚无主义对儿童的侵蚀，这是现代社会的精神危机，作为社会子细胞的教育系统也深受影响。学生成长目标的虚化和功利化成为如今教育的一大症结。这就要求学校精准地为学生服务，帮助学生树立正确的价值观，扣好人生的第一枚纽扣。

（二）“互联网+”为个性化教育提供支持

在“互联网 +”时代，我们能够通过系统平台收集、描述和分析大量数据，从而找出那些过去无从发现的深刻原因。数据分析技术能够支撑在学生成长过程中不断收集数据，再分析和应用这些数据，为学生提供个性化的评价与反馈。

利用过程数据，可精准诊断学生的知识掌握情况和能力素养发展情况，可以全程跟踪、记录学生的学习路径和学习交互过程。清华附小建立了学生数据分析平台，以形成科学的量化描述。

过程数据，能为教师教学提供参考，成为教师日常教学质量监控的指示器。教师可以根据每个学生的过程数据，为其提供个性化的学习指导服务，调整教学策略。

学生可以对这些过程数据进行分析，并结合自身的学习需求，选择合适的学习内容、学习方式和学习路径。清华附小为每个学生提供个性化分析报告，引导学生自我总结、反思，并做进一步规划。

（三）学段三进阶需要动态跟踪学生的成长轨迹

通过过程数据，教师可以了解学生的学习过程和成长情况。每个学生的学习和成长都不是一个线性匀速进步的过程。过去的评价侧重于学习成绩和课堂行为，缺乏大视野下对学生综合发展水平的判断。从过程数据中可以了解一个人的成长轨迹，它们是动态变化的、全方位的。（某学生历次数学考试跟踪对比如图 7–2 所示）

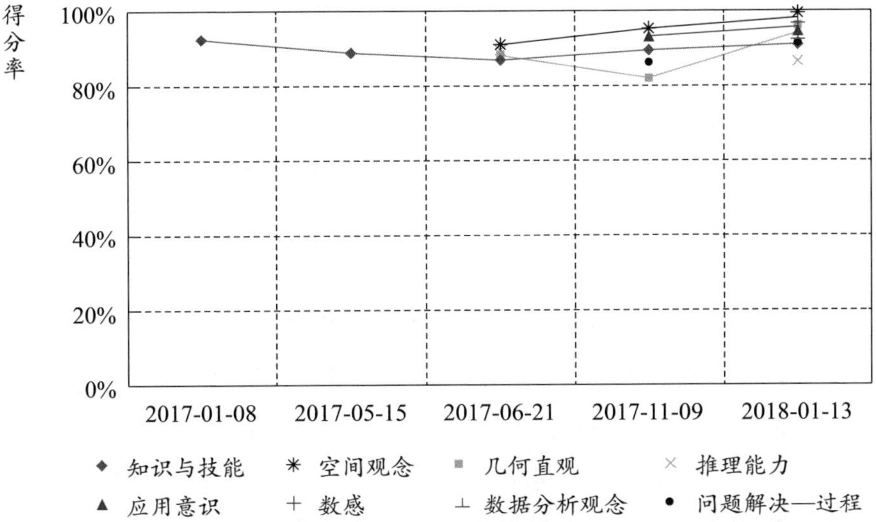

图 7-2　某学生历次数学考试跟踪对比

对学生成长轨迹的跟踪，避免了我们在时间维度上仅以某个阶段的数据对学生做出一成不变的评价；同时，也避免了在空间维度上仅通过观察学生的某些方面，如学业成绩、课堂表现等，就给学生下评价结论的情况。这样就可以全面考查学生的个性化成长，充分挖掘其潜能。

清华附小通过追踪“启程 — 知行 — 修远”不同成长阶段的数据和记录关键事件，来描述每个学生的成长轨迹。并且对不同成长阶段的数据进行关联分析，以探寻学生发展的规律。利用过程数据，教师可以了解学生的成长历程，为其提供更有效的成长支持；学生可以有效地反思学习策略与方法，并不断加以完善；家长可以全面地了解自己的孩子，发现孩子的长处，更好地帮助孩子树立信心。可以说，过程数据分析为学生成志提供了进阶指南。

二、学生评价的特点

（一）综合评价学生的价值观、必备品格、关键能力，助力学生全面发展

学校自创办之日起就坚持“造就完全人格之教育”。基于“成志立人”的目标，成志教育注重价值观引领，强调必备品格和关键能力的融合发展。综合评价学生的价值观、必备品格、关键能力，助力学生全面发展。

清华附小的这种综合评价是全过程、全方位的。学校纵向追踪，对学生进行个体成长轨迹描述，积累个体数据，让评价综合化。学生采用简洁的语言、有代表性的图片和影像等，如实记录关键事件对自我成长的重要影响，主动勾勒成长“图谱”，实现自我发现与自我超越。

（二）以过程数据为依据，提出改进建议

清华附小准确把握教育节奏，合理规划教育时间，搭建“启程—知行—修远”学段三进阶，小学六年，低、中、高三个学段循序渐进、螺旋式上升。这种进阶，是学生身心发展、品格与行为养成、学习水平发展的全面进阶。因此，应注重过程数据的积累。利用过程数据，我们可以更全面、更准确地了解学生，得出更科学、更精确的结论。

注重评价诊断功能的发挥，评价的根本目的是促进学生发展。利用过程数据，教师可以分析学生的优势和不足，并提出具体的改进建议。

（三）评价维度多元化，评价结果多样化

不同于以往对学生行为的点状记录，清华附小实时记录学生的行为数据，深度挖掘纵向数据，从而勾勒学生的发展轨迹，预测学生的发展趋向，对学生进行个性化指导。比如，对学生学习发展水平的描述，既包括学习水平（知识

领域、能力层级），又包括学习态度、学习方法、学习品质等（见表 7–1）。

表 7–1　数学单元学习情感、态度评价单

项目		表现	分值	自评	互评	合计	计分标准
预学		能完成预学单。	1				预学完成情况分 A、B、C、D 四个等级。 5 分：每节课均在 B 及以上 4 分：有 C 没 D 1 分：有 D
		能按时完成预学单，并能提出问题。	4				
		高质量完成预学单，能提出有价值的问题。	5				
共学	参与	我总对大家做的事情不感兴趣。	1				根据在课堂小组活动中的表现进行盖章评价，每五个印章为一个等级。
		偶尔做做其他事。	3				
		积极参与课堂小组化学习活动。	5				
	倾听	经常不注意倾听伙伴发言。	1				
		专心倾听别人发言，欣赏伙伴的发言。	3				
		专心倾听别人发言，欣赏伙伴的发言并有自己的想法。	5				
	交流	能主动表达自己的想法。	2				根据小组发言记录进行评价。
		能从伙伴的发言中受启发，完善自己的见解，清晰表达。	3				
		发言能够代表小组观点，发言流畅自信。	5				
延学	完成	经常不能及时上交作业。	1				作业完成情况分优秀、良好、达标、待达标四个等级。 5 分：每节课均在良好及以上 4 分：有达标，没有待达标 1 分：有待达标
		按时完成作业。	4				
		按时完成作业，书写工整、质量高。	5				
	修正	能及时改正错题。	2				
		能按时改正错题，能反思自己做错的原因。	3				
		积极主动地改正错题，在反思中不断提高。	5				
在这个单元的学习中，我的情感、态度评价得到了____分，我会继续努力，让我们一起加油吧！							

无论从呈现形式看还是从载体看，这样的评价都力求展示成志少年的成长样态。从呈现形式看，不仅有星级、等级，还有语言描述、图表刻画、分类建议等。从载体看，不仅有线上多种形态的报表分析、手机 APP 推送等，还有

线下的单元学习评价单、综合素质评价手册、校长奖、个性化品格养成发展报告、体质健康发展报告、学习水平发展报告等，让评价结果更好地服务于学生的发展（见图 7–3、图 7–4、图 7–5、图 7–6）。

图 7-3　兑奖地图

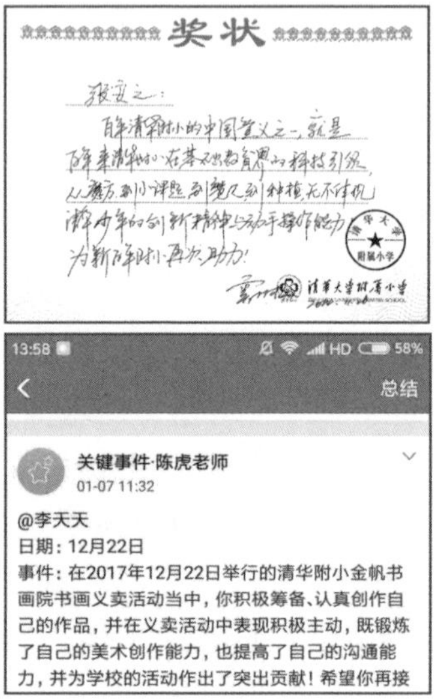

图 7-4　校长奖与关键事件 APP 记录

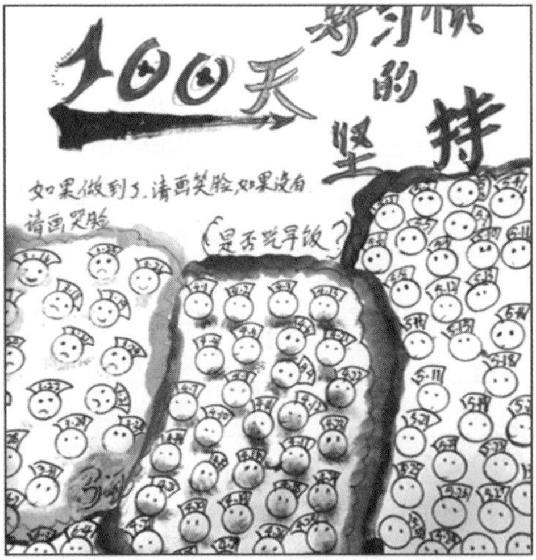

图 7-5　100 天好习惯的坚持记录卡

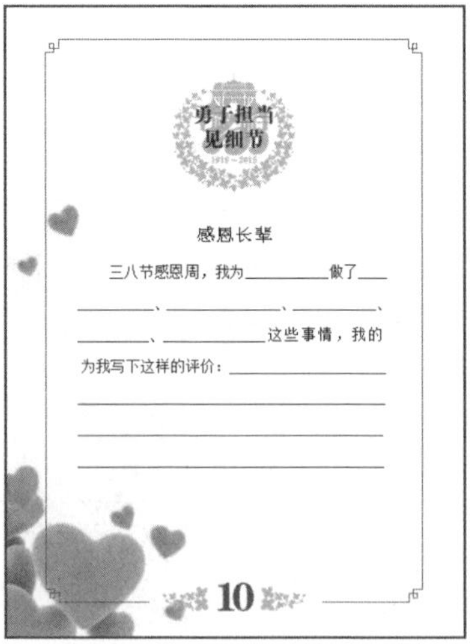

图 7-6　成志护照

（四）让每个学生成为他人的榜样

让学生在经典阅读中对标榜样，在现实生活中寻找榜样，激励自我成长。学校的榜样引领根据周期主要分为三类。

一是每周的成志榜样。这些榜样由学生、教师、家长去发现，并通过关键事件的描述和宣传，在班级、年级、学校里进行评价、奖励、辐射。比如，每周的升旗仪式，以“我是荣誉升旗手”为载体（见图 7–7），让成志榜样担当升旗手并介绍他们的事迹。例如，2018 年 3 月 5 日的三位升旗手就是既善于学习又刻苦训练，并在“洲克 · 泳者之星”杯全国跳水大赛中取得佳绩的成志榜样。每年都会有近 200 名学生成为荣誉升旗手。

图 7–7　我是荣誉升旗手

二是每月的成志榜样。学校把成志的要求落实到每个阶段，让学生自主设定阶段性小目标，并进行每日自我省思和相互评价。对阶段性目标达成度高的学生，通过成志言行小标兵、成志自强小标兵、成志担当小标兵、校长奖、成志护照等多种形式进行评价和激励。比如，在文明礼仪月中，把对学生“微笑、感谢、赞美”三张名片的要求落实到学生的日常行为中，让学生每日对照记录、省察。在月末，各班将达到目标的学生评为“三张名片之星”（见图 7–8），并在启程楼、知行楼、修远楼分别张贴三个学段的榜样。

图 7-8　三张名片之星

三是每学期评选“十大成志卓越学生”“百名成志榜样学生”“千名专项之星”。教师鼓励学生自荐，并撰写个人成长事迹，在班级内宣讲，并互相学习；然后班级民主评选出“专项之星”以及“榜样学生”“卓越学生”的候选人，并将候选人名单上交学校；学校通过微信平台宣传候选人的事迹，发动全校师生、家长共同学习，激励学生自我成长。在此基础上，通过公开投票，评选出全校的“专项之星”“榜样学生”和“卓越学生”（见图 7–9）（详见本章原始档案二）。

图 7-9　十大成志卓越学生事迹海报

比获奖更重要的是，很多学生已经成为引领一届又一届学生的成志榜样，每个学生都可以在对标榜样的过程中发现未来的自己。这样的评价能更好地促进学生不断发现、挖掘自身的潜能，并努力将其发挥出来。例如，2017届毕业生在毕业典礼上深情地讲述："我们看到了热心公益、勇于担当的赵云奇，尊重感恩、诚实守信的欧阳倬历，自律自强、勇于担当的陈大本，具有团队合作精神、勇于担当的任和，热爱学校、尊重师长的孟庆杰，懂得友善、言行得体的李梦其，勇于创新、坚忍不拔的穆子雯，言行得体、自律自强、热爱艺术的门鹭彤……他们是我们这届毕业生中的优秀代表，他们的成长故事将激励我们在承志、立志、弘志的道路上卓越攀行。"

相较于传统基于预设指标的评价，清华附小的评价着眼于学生的成长规律与学习、生活轨迹，注重发掘学生的优势潜能，在此基础上发现学生的个性特长，激励学生不断提升自我、发展自我，激励成志少年把个人发展愿景和社会担当紧密结合起来，肩负民族复兴的重任。

三、学生评价的典型载体

（一）"数智化"学生发展水平分析评价系统

1.学习水平分析评价系统

多学科推进，多校区联动，覆盖各学段与全学科，建立完整的学生学习水平数据库。在此基础上，学校为每个学生提供个性化学习水平发展报告，从学习兴趣、学习态度、学习方法、学习能力、学习水平等维度进行刻画，挖掘学生的潜能，为学生未来的发展提供建议。

在学习水平监测与分析中，依据学生发展核心素养与学科核心素养，建立目标系统，制定详细的命题蓝图（见表7–2），对所考查学生的品格和能力进行描述，在某一方面的测评，至少对3个测评题进行关联性分析，基于过程数据建立常模，分项给出改进建议，从而促进学生素养的提升。

表 7-2　某次数学学习水平监测命题蓝图（部分）

能力结构				知识点	知识或能力提升建议
题号	学科思想方法	问题解决能力	创新意识		
1	空间观念			了解观察范围会随观察点、观察角度的变化而变化。	
2	推理能力			能运用比的意义解决实际问题。	能够有条理地进行思考，经历与他人交流的过程并清晰地表达自己的思考过程。
3		评价反思		能用圆的知识解释生活中的一些现象。	能够在实验与操作中体会化曲为直的思想。能结合已有知识和折纸、画图等操作活动进一步认识圆的特点，发展空间观念。
4		方法		能够运用圆的知识解决实际问题。	在圆周长推导的学习中结合直观图理解周长与转化图形的关系，感受几何直观的作用，发展推理能力。
5				能解决“一个数比另一个数增加（减少）百分之几”的实际问题。	
6	空间观念			能够根据需求对图形进行平移或旋转。	能结合已有知识和操作活动进一步认识圆的特点，积累图形运动的思维经验，发展空间观念。
7	几何直观			能运用比的意义解决实际问题。	
8				理解周长的含义，掌握周长的求法。	

清华附小为学生量身定制个性化学业质量分析报告。按照样本统计，得出评价题的难易程度，由易到难，列出每个学生的得分情况，帮助学生明确错误类型及原因。根据每个领域所反映的学生学习水平，给出具体的肯定性评价，并提出具体的建议，为家长和教师帮助学生设计个性化学习方案提供依据、指明方向。

亲爱的 ×× 同学：

在清华附小 2016—2017 学年度第一学期问题解决能力调研中，你的成绩如下。

下面的表格（表 7–3）显示出你参加这次问题解决能力调研的答题情况。题目是由易到难排列的，★表示你的回答完全正确。

表 7-3　2016—2017 学年度第一学期问题解决能力调研答题情况

内容领域	能力领域	题目内容	题号	满分	得分	难易程度
综合与实践	知识技能	在观察中发现图形的规律。	21（1）	1	★	由易到难
数与代数	知识技能	知道 2、3、7 倍数的特征，了解质数、合数、公倍数。	12	2	★	
综合与实践	问题解决	用列举法在 1—100 的自然数中，找出两个自然数的公因数和最大公因数。	8	4	3	
统计与概率	知识技能	对简单随机现象发生的可能性大小进行定性判断。	5	3	★	
图形与几何	知识技能	掌握三角形面积的计算方法。	13	2	★	
综合与实践	知识技能	数图形的数量，体会图形与数的联系。	21（2）	2	★	
图形与几何	知识技能	认识轴对称图形及其对称轴。	1	2	★	
综合与实践	问题解决	借助列表策略解决实际问题，体会不同列表方法的应用价值。	18	4	★	
数与代数	知识技能	结合具体情境，知道估算的作用，能用估算判断小数乘除法结果的合理性。	20	4	★	
图形与几何	数学思考	根据图形各部分之间的关系找到求组合图形面积所需要的数据。	10	4	3	
图形与几何	知识技能	掌握三角形的特征和面积计算方法。	3	2	★	
数与代数	数学思考	用分数描述图形中阴影部分的大小。	6	3	★	
综合与实践	数学思考	探索一组图形的一般规律。	21（3）	2	2	
数与代数	问题解决	运用小数除法解决实际问题。	17	4	★	
数与代数	知识技能	用分数表示部分与整体的关系。	11	2	★	
图形与几何	数学思考	辨别形状变化对图形周长和面积的影响。	7	3	★	
数与代数	问题解决	运用小数混合运算解决实际问题。	16	4	1	
数与代数	知识技能	运用小数除法解决速度、路程问题。	9	4	2	

（续表）

内容领域	能力领域	题目内容	题号	满分	得分	难易程度
数与代数	知识技能	在数线上找到分数的位置。	2	2	2	由易到难
数与代数	数学思考	看示意图，运用等量代换解决问题。	14	3	★	
数与代数	问题解决	运用小数除法解决全面思考的问题。	4	3	2	
综合与实践	数学思考	看图找规律。	15	3	★	
综合与实践	数学思考	图形规律的表达。	21（4）	3	2	
图形与几何	问题解决	运用梯形面积的知识解决实际问题。	19	4	2	

以下是你在这次问题解决能力调研中各能力领域的成绩以及给你的一些建议。

表 7-4　某同学问题解决能力调研成绩及建议

知识技能

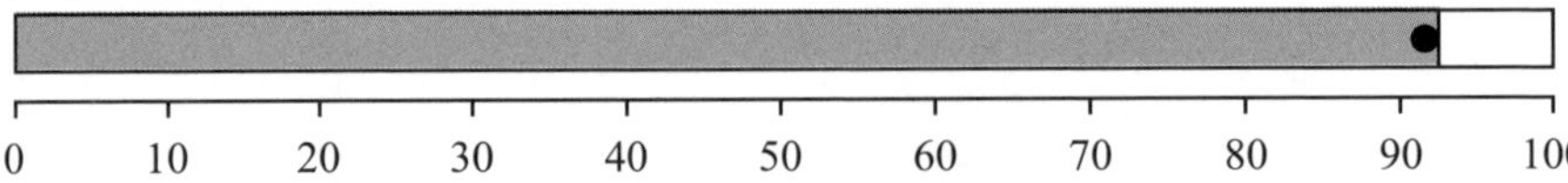

你能将实际问题抽象为数与代数的问题，能探究物体与平面图形的面积计算方法，能掌握数与代数、图形与几何、统计与概率的基础知识和基本技能，并能解决简单的问题。希望你能继续快乐地学习。

数学思考

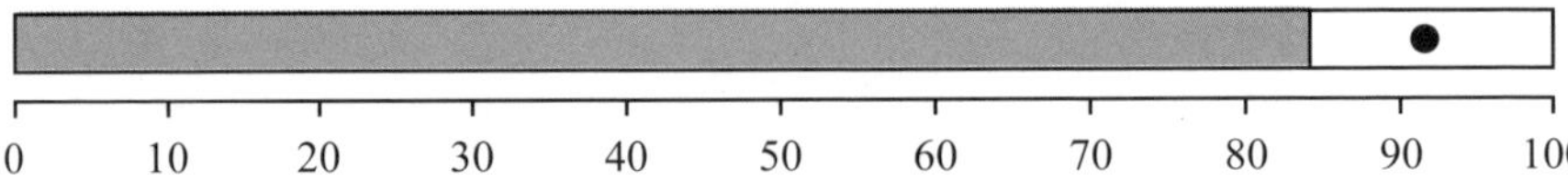

推理能力：你能在猜想、验证的活动中，从已有的事实和确定的规则出发，通过归纳和类比等方法推断某些结果，发现、表达其规律。希望你能继续快乐地学习。

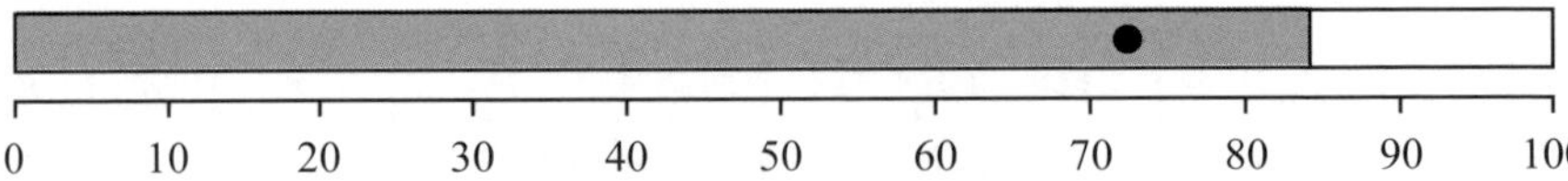

几何直观：你能读懂图示信息，借助信息分析问题，通过画图解决简单的问题。希望你能利用画图的方法解决更多的问题。

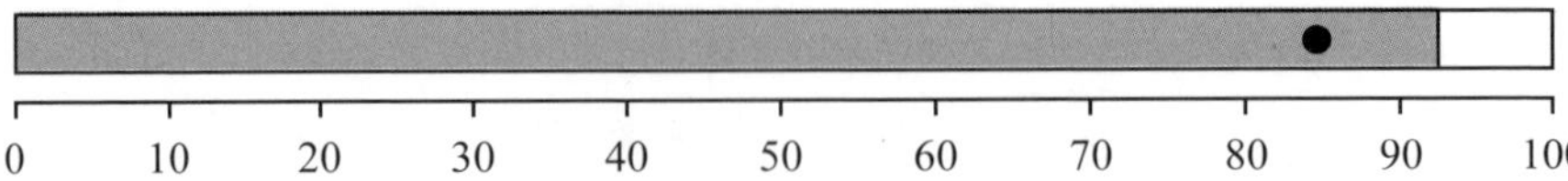

空间观念：你基本能根据几何图形想象出所描述的实际物体，想象出图形之间及各部分之间的关系。希望你在想象后进行验证。

（续表）

问题解决	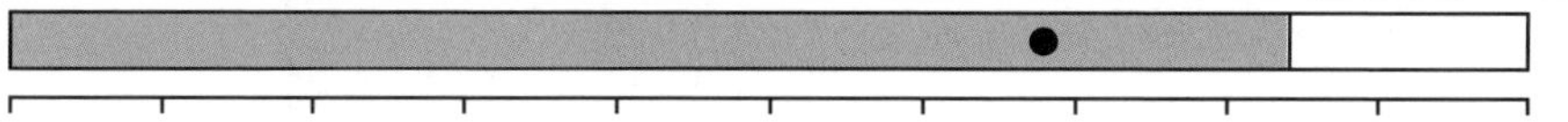 你能综合运用数学知识解决简单的实际问题，获得分析问题和解决问题的一些基本方法。希望你能将多种信息联系起来进行思考，恰当地选择解决问题的方法，尝试对模型进行拓展。

2. 体质健康监测与数据分析系统

我们初步开始实施体质健康数据分析，将之前已有的学生体质发展数据导入系统（见图 7–10）。现阶段的体质监测类非侵入式传感器能对心跳、步数、体温等进行有效监测，基本实现了对体育课以及学生日常活动锻炼的实时监测和数据收集。

图 7–10　体质健康监测与数据分析系统

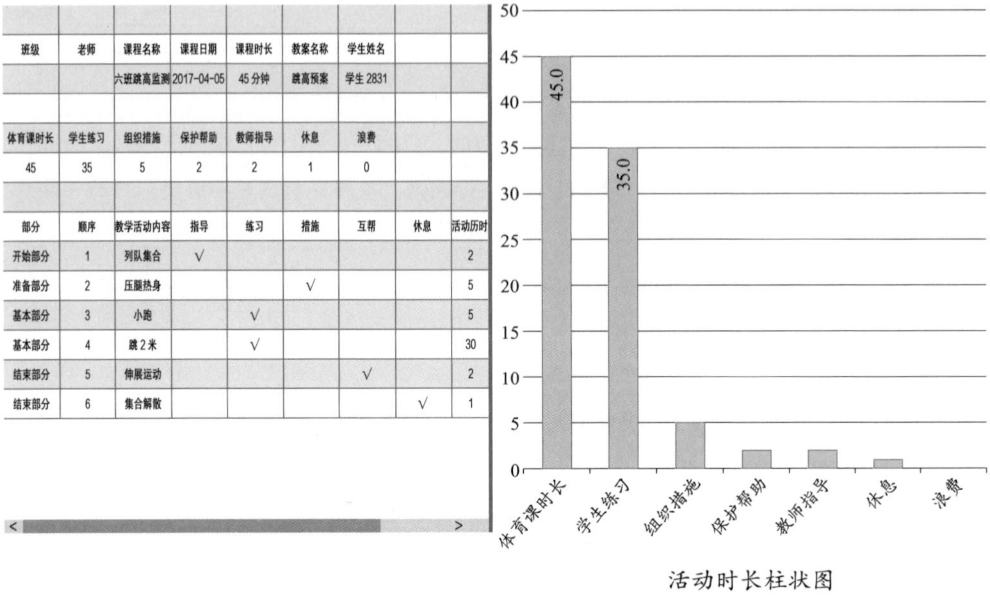

班级	老师	课程名称	课程日期	课程时长	教案名称	学生姓名		
		六班跳高监测	2017-04-05	45 分钟	跳高预案	学生 2831		
体育课时长	学生练习	组织措施	保护帮助	教师指导	休息	浪费		
45	35	5	2	2	1	0		
部分	顺序	教学活动内容	指导	练习	措施	互帮	休息	活动历时
开始部分	1	列队集合	√					2
准备部分	2	压腿热身			√			5
基本部分	3	小跑		√				5
基本部分	4	跳 2 米		√				30
结束部分	5	伸展运动				√		2
结束部分	6	集合解散					√	1

图 7-10　体质健康监测与数据分析系统（续）

传感器每天自动上传学生运动数据，并进行统计和监督；它具备日常心率监测预警功能，当学生的心率超出危险值时它会自动提醒教师；支持睡眠质量监测，以方便教师提前进行心理干预；根据学生的运动测试项目及成绩自动生成运动建议，并具有体质评估和健康档案管理功能；根据学生测试项目及成绩，结合生成的运动建议，自动生成营养建议。整个系统能完整记录关键事件，描述定量数据，为学生的进一步发展提供个性化指导和建议。

（二）成长记录APP平台

在成长记录 APP（见图 7–11）中，学生采用简洁的语言、有代表性的图片和影像等资料，从课堂学习、行为习惯、主题活动等方面，对关键事件进行自主记录与评价，形成电子档案，定期反馈展示。基于此，再形成阶段性成长分析和总结报告，以促进学生成长。

为了弥补学生记录的不足，班主任和科任教师会观察并客观描述学生在活动中的行为，并经学生本人确认后提交关键事件。对师生提交的关键事件，其他学生可以观摩，可以质疑。学生还可以互相点赞，可以推荐自己或他人为榜样。

图 7-11　成长记录 APP

各年级对照本学段的养成主题，重点进行关键事件的描述与评价（见图 7-12），以激励学生不断成长。教师要引导学生真实记录，并协助其整理、上传。

图 7-12　关键事件记录

教师还要协助学生对阶段性成长进行总结和梳理。学生要对一学期以来的关键事件进行盘点，描述自己的成长轨迹，挖掘自身的潜能，发挥个性特长（见图 7–13）。教师要激励并引导学生沿着适合自己的方向发展。

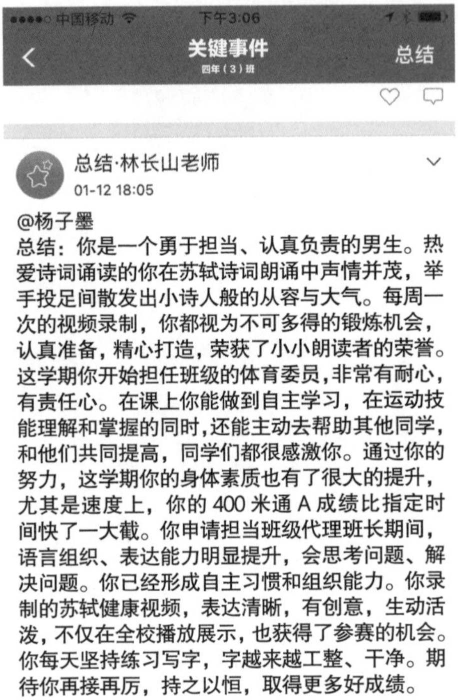

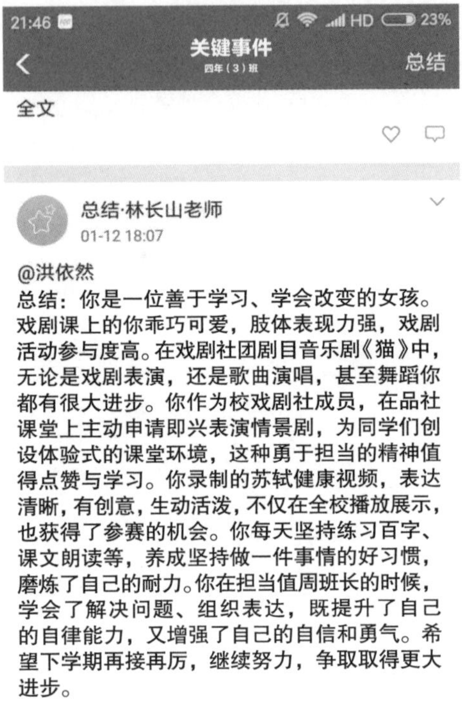

图 7–13　基于关键事件的总结

ORIGINAL FILE
原始档案一

《成志教育　照耀一生——来自清华附小 2017 届毕业生的 6 年成长报告》（节选）

清華大學附屬小學
TSINGHUA UNIVERSITY PRIMARY SCHOOL

100+2

“1+X课程”成志育人实践研究成果

成志教育　照耀一生

——来自清华附小2017届毕业生的6年成长报告

清华附小2017届毕业生
清华附小成志教育研究院

学术支撑：
中国基础教育质量监测协同创新中心
清华大学教育研究院基础教育研究所
清华大学积极心理学研究中心

目录/contents

（三）全学科主题教学的学习方式与工具

1. 课堂学习要求

2. 工具撬动课堂

3. 小组合作

（四）互联网 + 主题教学：清华附小互联网学校

第四章　活动育人的关键事件

1. 亲历清华附小百年华诞

2. 寻访第一面军旗，致敬建军 90 周年

3. 首届全国基础教育一等奖推广会，传承母语和中华文化

4. 用书画在中华世纪坛代言"一带一路"

5. 走进联合国，发出基础教育的中国声音

6. 与奥运冠军校友同上开学第一课，受新闻联播关注

7. 把校园足球踢到阿根廷

8. 互联网 + 教育，母校成立了全国第一所互联网学校

9. 送爱心粥，在公益服务中展现天下情怀

10. 北京国际儿童阅读大会与大师共读世界经典

11. 与百位世界航天员对话航天梦

12. 赴爱丁堡参加纪念莎士比亚逝世 400 周年国际戏剧演出

13. 科技社团第一次在 OM 世界赛场上升起国旗

14. 在第九届世界合唱大赛上，唱出中国好声音

第五章　实际的获得，我们的成长

（一）大数据告诉我们

1. 价值观塑造

（1）品格素养调研报告

（2）积极心理调研报告

2. 乐学质量

（1）海淀区语、数、英的质量监测报告

（2）语、数、英总评性小结与归因

（3）个性化精准服务学业分析报告样例（以数学为例）

（4）主题全学科阅读素养调研报告

3. 体质健康

（1）体育健康调研报告

（2）体质健康监测报告

（二）我们的班级报告书

1. 2017 届本部 7 个毕业班成长报告书

2. CBD 校区 2017 届毕业生

（三）成志少年形象

（四）成志少年获奖档案

（五）教师与家长反馈

1. 教师认同感调研报告

2. 家长满意度调研报告

第六章　带着成志梦想再出发

（一）六年毕业报告会流程

（二）六年的回顾和展望

（三）母校寄语

ORIGINAL FILE
原始档案二

清华附小“卓越、榜样、专项之星”学生评奖标准

表 7-5 “卓越、榜样、专项之星”学生评奖标准

<table>
<tr><td>目的</td><td colspan="3">为落实养成教育六大主题课程的要求，清华附小根据学生在校园生活的方方面面，开展四校联动的“十百千”学生评价，以发挥评价的教育性。多一把尺子，就多一批优秀的学生，学校努力让大多数学生成为卓越学生。</td></tr>
<tr><td>操作指南</td><td colspan="3">1. 宣读评选通知。
亲爱的同学们，大家好。从成志教育五大核心素养出发，学校提出了基于学科和日常养成的目标体系。同学们在日常学习和生活中，要不断学习，在学校老师的带领下努力实现目标。六一儿童节是属于你们的节日，学校将举行学生评选活动，让我们向榜样学习，做最好的自己。评选分为三项：“十大成志卓越学生”“百名成志榜样学生”和“千名专项之星”。这激励着每一个同学承志、立志、弘志，努力成为健康、阳光、乐学，拥有中国灵魂、国际视野的现代人。
2. 宣读评选办法。
3. 候选人向班级申报及撰写候选材料（200 字以内）。
4. 班级民主评议。
5. 填写申请表。</td></tr>
<tr><th>评选名称</th><th>评选方法</th><th>评选标准</th><th>评选名额</th></tr>
<tr><td>清华附小“十大成志卓越学生”</td><td rowspan="2">1. 个人申请。
2. 班级民主评议，选出 2 名候选人。
3. 班主任及科任教师认定后，填写候选人事迹报告上交学校。
4. 学校根据各班上报的名单，利用微信平台，让家长、教师、学生公开投票，选出清华附小“十大成志卓越学生”。
5. 校务会通过。
6. 其余学生为清华附小“百名成志榜样学生”。</td><td rowspan="2">按照学校提出的五大校本核心素养以及“健康、阳光、乐学”的要求进行评选。</td><td rowspan="2">前 10 名学生为“成志卓越学生”。其余学生直接成为“百名成志榜样学生”。
备注：往年入选“十大成志卓越学生”的不再参评。</td></tr>
<tr><td>清华附小“百名成志榜样学生”</td></tr>
</table>

（续表）

<table>
<tr><th colspan="2">评选名称</th><th>评选方法</th><th>评选标准</th><th>评选名额</th></tr>
<tr><td rowspan="13">清华附小“千名专项之星”</td><td>1. 一流好品格之星</td><td rowspan="13">1. 个人申请。
2. 班级民主评议，选出班级“专项之星”。
3. 由学校相关部门的负责教师认定。
4. 确定名单后填写相关表格。</td><td rowspan="13">根据“6+”育人目标（一流好品格，一个好兴趣，一生好习惯，一项好技能，一种好思维，一品好审美）和“6+”学科基本目标（一身好体魄，一手好汉字，一副好口才，一篇好文章，一项好才艺，一门好外语），班级所选出的“专项之星”是在班级或者学校范围内起到示范作用并在某一方面有特殊贡献的学生。结合学生的课堂表现、三分钟演讲、平时作业以及主题实践活动中的表现进行班级评选。</td><td rowspan="13">除去第 13 项，其余 12 项总数不超过班级总人数的 50%（不用每个专项一人）。</td></tr>
<tr><td>2. 一个好兴趣之星</td></tr>
<tr><td>3. 一生好习惯之星</td></tr>
<tr><td>4. 一项好技能之星</td></tr>
<tr><td>5. 一种好思维之星</td></tr>
<tr><td>6. 一品好审美之星</td></tr>
<tr><td>7. 一身好体魄之星</td></tr>
<tr><td>8. 一手好汉字之星</td></tr>
<tr><td>9. 一副好口才之星</td></tr>
<tr><td>10. 一篇好文章之星</td></tr>
<tr><td>11. 一项好才艺之星（在艺术审美主题月中评选）</td></tr>
<tr><td>12. 一门好外语之星</td></tr>
<tr><td>13. 三张名片之星</td></tr>
<tr><td>注意事项</td><td colspan="4">清华附小要形成评价、激励、表彰新机制，提升学生的素养，让大多数学生成为卓越学生，践行“儿童站立在学校正中央”的理念。
班主任要主动与学科教师沟通，进行班级综合评选。班主任要让学生明确评选目的与要求，正确认识自己，真诚对待他人，找到自己的努力目标及生长点，并虚心向榜样学习。要发挥评选、表彰活动的教育作用和激励作用。
各负责人要做到各负其责，按时、遵守规则、保质地完成此项工作。</td></tr>
</table>

附录一：
清华附小一体化办学：立足北京，辐射全国

2018 年 6 月 7 日，中央政治局委员、北京市委书记蔡奇在清华附小昌平学校调研时说，对北京而言，办人民满意的教育，就在于教育优质化和均衡化，希望清华附小昌平学校发挥示范带头作用，成为昌平义务教育的一张金名片。

北京市委书记蔡奇到清华附小昌平学校调研

2011 年 3 月 22 日，现任北京市长、时任清华大学常务副校长陈吉宁出席了清华大学附属小学与北京市朝阳区教委签约仪式并做重要讲话，标志着合作办学实现了新跨越。

现任北京市长、时任清华大学常务副校长陈吉宁做重要讲话

清华附小在北京新教育地图上不断谱写新篇章，其一体化办学取得了令人瞩目的成绩。这些成绩的取得离不开清华附小百年公益服务的引领，得益于教育家办学和成志教育一体化办学新模式。

一、传承百年附小公益精神

清华附小创建初期名为“成志学校”。建校同期，时任清华大学校长周诒春等因感慨清华园附近的平民子弟由于各种原因幼年失学，所以创办了城府小学，专门招收住在校外的清华子弟及周边的平民子弟，经费全由发起人及赞助人捐助。当时，除普通文化课外，还设木工科，以为平民子弟将来谋生之出路。

从成志学校到西南联大附小，再到中华人民共和国成立后，正式更名为清华大学附属小学（1960 年正式更名），无论面对什么样的历史环境和办学条件，清华附小始终没有放弃公益传统，并尝试用多种形式进行教育公益。

21 世纪初，清华大学开通了第一批教育扶贫现代远程教学站，全面启动了教育扶贫的工作，清华附小也随之陆续开展教育扶贫工作。经过多年教育扶贫工作的积累，清华大学的远程教学站已经覆盖了五百多个国家级贫困县，在贫困地区搭建起了一个教育扶贫的庞大网络。清华附小的课堂通过这个网络，便捷、迅速地传递到 3800 多个教学站，架起了 3800 多条“空中通道”，为当地的教师提供了丰富的学习资源。（2017 年，近 5000 人到清华附小学习）

为了让公益服务常态化、持久化、规范化，2011 年，清华附小出台《清华大学附属小学办学行动纲领》，明确提出清华附小要承担社会责任。例如，社会责任引领带动：积极参与各种公益培训活动，通过清华附小的办学理念及名师业务引领，带动海淀区、北京市乃至全国的教师专业发展，同时提升本校教师的视野和境界。通过实践积累，总结清华附小的办学经验与模式，为北京市乃至全国的基础教育提供借鉴与参考。公益合作：通过“手拉手”、支边、支教等公益行为，强化学校的社会责任。积极参与清华大学、海淀区、北京市，以及其他社会组织的募捐、义务奉献等公益活动，继续与西藏的小学、革命根据地延安的小学、革命老区吕梁山区的小学以及河南商丘与广西贺州等地区的小学的“手拉手”合作项目。

清华附小“1+X 课程”团队赴西藏支教

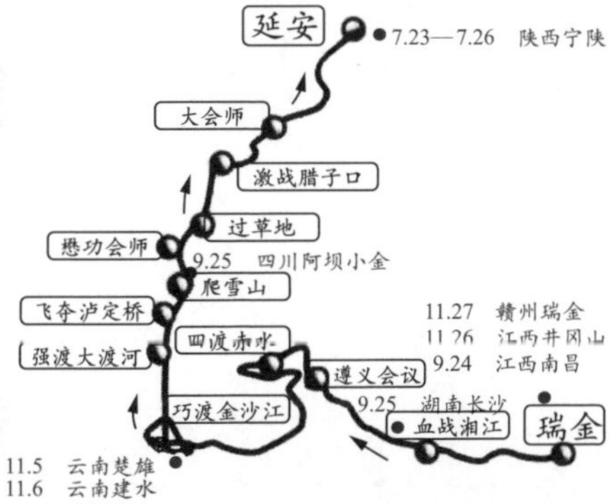

清华附小的教师到长江沿线的学校支教

二、构建北京教育新地图

清华附小助力北京教育均衡发展，形成了独特的一体化办学模式，即统一价值观，一位校长，一个管理执行团队，一种课程体系。

（一）牵手朝阳，成立清华附小商务中心区实验小学（两个校区）

2011 年 3 月 22 日，清华附小首次走出清华园，与朝阳区教委签订合作办学协议。清华附小校长窦桂梅和时任朝阳区教委主任孙其军分别代表合作双方签署了具有历史意义的合作办学协议。这标志着百年名校清华大学附属小学与经济强区朝阳区强强合作跨出了实质性的第一步。

2015 年清华附小受朝阳区政府和教委委托，又承办了朝阳区原永安里小学、光华路小学，形成了清华附小商务中心区实验小学。

清华大学附属小学商务中心区实验小学

（二）牵手昌平，成立清华附小昌平学校（两个校区）

2014 年 6 月，昌平区政府和昌平区教委委托清华大学附属小学承办清华大学附属小学昌平学校，举行了签约仪式。清华附小开始探索九年一贯制。

清华大学附属小学昌平学校签约仪式及交接仪式

清华大学附属小学昌平学校校门

（三）牵手海淀，成立清华附小清河分校（三个校区）

2018 年 4 月 25 日，海淀区教委委托清华大学附属小学承办海淀区清河一小签约仪式在海淀区教委举行。清华附小承办后，清河一小更名为清华大学附属小学清河分校。清华大学党委常务副书记、副校长姜胜耀，海淀区人民政府副区长刘圣国，海淀区教委主任陆云泉，清华大学党办、校办主任向波涛，清华大学附属小学党总支书记、校长窦桂梅等出席了签约仪式。

清华大学附属小学清河分校

北京市海淀区教委与清华附小签约仪式

三、清华附小一体化办学经验

（一）名家团队引领

窦桂梅，清华附小党总支书记、校长，全国著名特级教师、教育学博士、教授、清华大学教育研究院基础教育研究所所长、教育部基础教育课程教材专家工作委员会委员、东北师范大学博士生导师、北京师范大学校长学院兼职教授等，先后获得了“当代教育名家”“全国模范教师”“全国师德先进个人”等荣誉称号，曾获首届基础教育国家级教学成果奖一等奖、北京市基础教育教学成果奖特等奖等奖项，4 次得到党和国家领导人接见。在窦桂梅校长的带领下，学校 5 位特级教师、11 位北京市学科带头人和骨干团队共同谋划一体化办学。学校通过理论构建与目标细化、学段进阶、课程优化与课堂改造、机制创新与系统评价等，构建并实践了成志教育系统育人模式 ——“成志教育：小学立德树人的校本实践”，为基础教育提供了立德树人的实践样本。以成志教育育人模式引领一体化办学，促进各校区既遵循共同理念，又因地制宜形成各自的特色。清华附小因此全面开放，快速发展，逐步迈向卓越。

（二）一体化实施原则

1.本校优先与分校推进并举

清华附小本部是成志教育的策源地，也是清华附小不断承担社会责任的载体，本校优先原则是更好地带动分校发展和实现一体化的关键所在与首要原则。根据分校的定位与执行校长“四推”职责，分校推进与本校优先并举，构建本校引领和分校实施优化的反哺与反馈机制。

2.理念统一与特色实施并举

成志教育的理念统一，是清华附小承办实体分校的首要标志，没有理念的统一，就没有一体化的前提。坚持在理念统一的前提下，根据生源、地域、空间等，鼓励并探索各实体分校的实施特色。

3.质量统一与阶段达成并举

教育质量的统一是清华附小承担社会责任的首要使命，没有质量统一的成志教育，就没有一体化发展的生命力。坚持学校办学质量的统一标准，根据各学校加入的时间先后，由各分校制定分阶段达成路线图，实现质量的统一。

4.成果共享与自主开发并举

荣辱与共、成果共享、自主开发、内生发展，是学校一体化发展的首要目标。各分校之间一荣俱荣一损俱损，成果共享、相互协作。在本部的引领下，避免单一的成果输出，实现各校区共同开发、自主开发。成志教育由本校主导，各校区百花齐放、合作共建，从而实现成志教育的共享与共建。

（三）一体化重点内容与实施机制

1.理念统一，运行互通

理念即成志教育的办学理念，它是清华附小共同的精神追求，必须坚持并统一，形成共同的文化认同和价值观。各校区必须学习《清华大学附属小学办学行动纲领》（简称《纲领》），以《纲领》作为我们共同的指南，有计划地测评各校区教师学习、使用《纲领》的情况，原则上每三年至少测评一次。如果涉及“三重一大”事项，各分校须向学校一体化领导小组进行事前申报、事中汇报、事后上报，实现运行互通。

清华附小教师学用《清华大学附属小学办学行动纲领》知识竞赛

2.课程互联，课堂互动

学校优化与实施"1+X 课程"，坚持在本校引领下的互联，坚持共同的课程改革方向，每学期举行课程故事分享与评价活动。在课堂教学的实施与变革中实现常态化的互动，形成共同的课程与教学文化。

清华附小教师综合素养提升文化交流拓展活动

3.活动互联，师生互动

根据学校一体化发展的年度计划，分层次、分步骤实施重点活动互联，如开学典礼、重要节日活动，对活动方案进行共同研发与互联，推动一体化办学学校师生之间的互动与交流，加强清华附小成志少年的身份认同。

清华附小“马约翰杯”四区一体化年级足球冠军争霸赛

4.科研互联，项目互动

学校制定了各级各类课题的发布、申报、评审、分派、开题、结题、评优等一系列管理制度。形成了凝聚力量的重点课题，共同探索成志教育的深化发展，交流不同地域的特色课题，进行特色项目的互动交流，不断丰富成志教育的内涵。

5.品牌互联，校区互动

共同维护成志教育的品牌是每一个校区的责任。通过年度督导机制、干部轮换机制、教师交流机制实现校区之间的互动。一体化战略发展研究中心每学期至少组织一次对各校区的内部督导和学业质量测评内部诊断，实现有质量、有特色的成志教育一体化发展目标。

附录二：

《为聪慧与高尚的人生奠基：清华大学附属小学办学行动纲领》目录与摘录

目录

清华大学附属小学“十三五”期间五大重点工程

一、成志教育下“九年一贯”及“大、中、小一条龙”人才培养工程

二、成志教育下“1+X课程”范式结构工程

三、成志教育下体育健康深化工程

四、成志教育下学生个性及差异化培养工程

五、成志教育下“数智化”校园建设工程

清华大学附属小学组织结构图及重点岗位职责

一、学校管理的基本原则及组织结构图

二、校长岗位职责

三、分校执行校长岗位职责

四、副校级岗位职责

五、研究中心相关人员岗位职责

六、成志教育研究院院长岗位职责

七、年段段长岗位职责

清华大学附属小学一体化办学战略管理制度

一、指导思想

二、基本原则

三、一体化重点内容与实施机制

四、一体化管理架构

五、具体实施细则

六、联动方法与措施

七、联动要求

清华大学附属小学课程与教学研究工作制度

一、教学计划制度

二、教学常规制度

三、教务常规制度

清华大学附属小学学生素养发展研究工作制度

一、值日领导及养成教育督导工作制度

二、少先队大队辅导员工作制度

三、“国旗下的讲话”制度

四、班主任岗位管理制度

五、成志种子课程管理制度

六、基于学生核心素养的期末评语撰写制度

清华大学附属小学人力资源建设系列制度

一、清华大学附属小学教师聘用及合同管理制度

二、清华大学附属小学教师职级聘任、奖励和管理办法

三、清华大学附属小学教职工考勤、请假制度

四、清华大学附属小学教师学历学位进修制度

五、清华大学附属小学关于保护知识产权的规定

清华大学附属小学“三重一大”等系列会议制度

一、清华大学附属小学“三重一大”会议决策制度

二、清华大学附属小学全校教职工大会制度

三、清华大学附属小学分级会议制度

清华大学附属小学行政管理系列制度

一、清华大学附属小学发展规划管理制度

二、清华大学附属小学合同管理制度

三、清华大学附属小学档案室各项管理制度

四、清华大学附属小学公章管理制度

清华大学附属小学安全工作系列制度

一、学校一日安全常规管理制度

二、体育课安全管理制度

三、科学实验课安全管理制度

四、运动会安全管理制度

五、学校建筑物及附属设施安全管理制度

六、楼道安全管理制度

七、课间操及大型活动安全管理制度

八、学生外出活动安全管理制度

九、学生健康安全管理制度

十、清华大学附属小学首遇责任制度

十一、清华大学附属小学舆情管理及处置制度

十二、清华大学附属小学校园欺凌暴力事件预防与处理制度

摘录

- 学校理念篇

1. 成志教育，照耀一生！

2. 为聪慧与高尚的人生奠基！

3. 立人为本，成志于学！

4. 儿童站立在学校正中央！

5. 选择了清华，就选择了一生的责任！

6. 我们的成志愿景：

我们努力，让学校的每一个角落都能充满向上的精神与教育的智慧；

我们努力，让学生的每一个时刻都能享受学习的收获与成长的乐趣；

……

7. 成志教师誓词：

我是“清华人”，努力用敬业、博爱、儒雅成就每一个学生，把每一个学生的成长当作我们的最高荣誉！

- 管理素养篇

8. 幸福生活都是奋斗出来的。

9. 不要人夸颜色好，只留清气满乾坤。

10. 管理是一种严肃深沉的爱。

11. 学校第一，大家心往一块想，话往一块说，劲往一处使。

12. 事情发生了没关系，重要的是我们如何反应。

13. 简单是做人和做事的最佳原则。

14. 不管什么人，在工作中都应该说“一起来”，而不是“给我上”。管理者永远不要问“我能得到什么”，而要不断问“我能为每位教职工做什么”。

15. 本色做人，角色做事。校长讲战略，中层讲战术，教职工讲战斗。

16. 一个人可以走得很快，但一群人才能走得更远。

17. 管理者不仅要“拧麻花”，还要敢于“拧螺丝”。

18. 在什么时间干什么事，在什么地方干什么事，干什么事就要把它干好。

19. 要讲大是大非，不讲是是非非。学校允许提意见，鼓励提建议，反对发牢骚。

20. 学校会帮助想干事、能干事的人干成事、干好事。

21. 心怀感恩，常知愧疚，卓越攀行；心存正念，遇事正思维，传递正能量。

22. 学问勤中得，富裕俭中来。“附小人”要养成廉洁自律、勤俭节约的习惯，把更多的资源放在离学生最近的地方。
23. 学校坚持哪个层级获得的信息最充分，就在哪个层级做出决策，或者就由哪个层级的人员参与决策。
24. 学校实施首遇责任制。要把安全工作当成学校常规管理的第一要务，确保在安全工作上万无一失。

- 工匠精神篇

25. 先匠气十足，再神气十足；先低头奋斗，再抬头看天。每天都过一种充满工匠精神的生活！
26. 在关键细节上比同类校好1%。
27. 每一个成功者的背后，都有一个咬紧牙关的灵魂。
28. 把每件简单的事做好就是不简单，把每件平凡的事做好就是不平凡。
29. 努力第一次就把事情做对！
30. 越是艰难处，越是修行时。志在山顶的人，不会贪恋山腰的风景。
31. 虽“身在兵位”，但要“胸为帅谋”。
32. 学习是最好的保养。教师要努力成为通才与专才的结合体。
33. 校长好好学习，教师天天向上；教师好好学习，学生天天向上。
34. 政策一旦制定，就不折不扣地执行。任务来了，说咋办就咋办，用脚踏实地的行动落实目标。定标准，一丝不苟；树品牌，十全十美；做项目，白璧无瑕；抢进度，千方百计；保安全，万无一失。
35. 今天的学习与工作必须今天完成，力争今天完成的学习与工作比昨天更有质量，明天的目标比今天更远大。

- 教师修炼篇

36. 器识为先，文艺其从，立德立言，无问西东。
37. 初心如磐，使命在肩。

38. 教师是太阳底下最光荣的职业。把课上好是教师最崇高的师德。
39. 选择了当教师，就是选择了不断修炼。
40. 情绪是本能，而控制情绪则是本领。只要思想不滑坡 ，办法总比困难多，明天一定更婆娑。
41. 所有的遇见与经历都是礼物，就看我们怎么保存和使其流动。
42. 所有有出息的人都有良好的心态，都很乐观，都充满正能量，都不抱怨，都懂得反思自己。
43. 教师要懂得对学生的帮助、关怀和成全，就是对自己的帮助、关怀与成全。
44. 教师要有“钩子”精神，把各地优质学校的课改经验、新鲜思想，甚至不同行业的创新成果“钩”过来，用“锤子”精神执行下去，并用“钉子”精神钻研到底。
45. 一个好教师就是一种好教育。
46. 教师不是课程的全部，却是隐性课程。教师要有处处皆课程、时时有课程的课程资源意识。
47. 生活上可以照顾，工作上不能照顾。
48. “天上不会掉馅饼，撸起袖子加油干！”一盎司的敬业忠诚，抵得上一磅重的聪明与侥幸。教师对待职业的态度，直接影响其对待学生的态度。追求卓越、拒绝平庸、杜绝低劣，在工作中主动探索，在主动探索中积极工作。
49. 博爱是欣赏与理解、包容与慈悲的别名。教师要平等对待每一位学生，努力了解每一位学生。教师要明确，学生只有差异而没有差距，要尊重个体、呵护个性。

- *教育教学篇*

50. 课堂改变，学校才会改变；课堂优质，学生才会卓越；课堂创新，学生才会创造。
51. 在学生、家长眼中，班主任就代表着学校。班主任是学校的重点岗位，也是最具荣誉感的岗位。

52. 每粒种子都是独特的，是树就茁壮成长，是花就最美绽放。

53. 未曾表达的爱，是不存在的。

54. 陪伴才有感情。教育由一堆细节组成。

55. 教学要努力实现“三个超越”：基于教材，超越教材；立足课堂，超越课堂；尊重教师，超越教师。

56. 教育科研是学校发展和教师成长的不竭动力。教育科研应基于团队，而不是单打独斗。

57. 教师要从自己的教育教学实际出发，从自己的“卡点”和学生的“卡点”出发，寻找问题，再提炼、转化为研究课题。

58. 读书不仅要继承，更要站在巨人的肩膀上超越和创新。

59. 学生与家长的口碑是学校的活广告。要视家长为教育的同路人，让家长成为班级建设的同盟军。

- 团队建设篇

60. 鸟随鸾凤飞腾远，人伴贤良品自高。

61. 要像石榴籽一样团结在一起。

61. 请你不要贸然评价我，你只知道我的名字，却不知道我的故事；你只听闻我做了什么，却不知道我经历了什么。

63. 教师要懂得走到一起工作是起步，凝聚在一起工作是进步。

64. 单打独斗虽快，但如一叶小舟，说翻就翻；融入团队大船，才能乘风破浪，勇往直前。

65. 请你不要走在我的前面，我不想跟随你；请你不要走在我的后面，我不想领导你；请你走在我的身边，我想与你并肩同行。

66. 一名党员就是一面旗帜。党员、团员要用人格魅力感染人，用行动和奉献引领人，真正发挥党团组织的先锋模范作用。

后记

可能没有哪一项职业像教师一样，能够给予一个个活生生的孩子乃至这个孩子背后的整个家庭，那么多生长、改变和希望，甚至奇迹。

这是我从教三十多年的体会。

2001 年我走进清华附小，做了近十年的副校长后，2010 年成为这所学校的第十六任校长。我的芳华一半给了吉林省吉林市第一实验小学，一半给了清华附小。时光远逝，使命永恒。虽年过半百，但嵌入骨子里的责任感，让我不甘心墨守成规。在不断追求卓越的道路上，我与团队一道自我超越，这才是有意义的生活。

清华附小从历史中走来，把迈向新百年的接力棒交给了我们这群人。成志学校历百年而终成成志教育，这是我们的旗帜。那么，今天的儿童如何实现个人价值与社会价值的统一？我们该怎么结合现实情况去培养学生，为学生聪慧与高尚的人生奠基？成志教育把“培养什么样的人、怎么培养人、为谁培养人”的问题落实到了办学的每一个环节，真正提升了学生的实际获得。

使命在肩，唯夙兴夜寐，百计千心，让儿童站立在学校正中央。为此，我们明确了将《清华大学附属小学办学行动纲领》作为指南针，建构“1+X 课程”体系，不断深化学科与主题活动育人实践。我们不断完善成志教育理念与实践体系，在实践中运用、总结、深化。应该说，成志教育实现了由学科改造到课程优化，再到育人模式构建的重大跨越，完整构建了理论与实践体系。

为了进一步梳理我们的研究成果，同时用我们的研究服务与辐射更多基础教育的同仁，学校曾出版了《从成志学校到成志教育》。现在是时候进一步对成志教育的理论主张以及课程改革实施与评价等，进行系统总结了。

清华附小拥有一个优秀的教师群体，由研究团队负责资料的收集、归纳、整理、提炼。清华附小没有专职管理者，每个人都是教学、管理服务双肩挑。于是，团队里的老师在完成自己一天繁重的教学任务之后，在华灯初上之时，方能开启这一天的第二重沸腾生活，这是清华附小特有的节奏。经过多少个不眠之夜、多少次周末连轴转，研究团队硬是把这块骨头啃了下来。

在此过程中，难忘众多师友的帮助。首先，我要感谢数十年如一日关心清华附小成长的良师益友们。感谢顾明远、谢维和、朱小蔓、成尚荣、柳夕浪等众多专家和师友。其次，我要感谢清华附小的全体教职员工、学生与家长。最后，我要对无私付出的清华附小成志教育研究团队说声“辛苦了”。胡兰、王玲湘、汤卫红、张华毓、王丽星、林长山、连洁等执笔其中的部分章节，张晓芳、梁营章、唐肖肖、李宁、朱丽玲、张懿、李秀玲等年轻教师密切配合。

总有一种力量让我们砥砺奋发。仅在北京，成志教育已经走出清华园，在朝阳、海淀、昌平实施一体化办学，开展系统的成志教育小学立德树人实践，并获得广泛赞誉……清华附小的教师团队正以汗水塑造着新百年的未来。

此刻，我透过办公室的小窗注视着校园，启程、知行、修远……七座教学楼散发着古朴的质感。老师们亲手种下的丁香、玉兰，正萌发着生长的力量；虽是假期，往来于校园的老师们，步履依然匆匆；参加社团集训学生的欢声笑语在校园里流淌。这样好的人、这样好的学校、这样好的时光，怎能辜负？

心怀感恩，常知愧疚。“卓越攀行”是清华附小人的口头禅——未来，面对教育的使命与责任，清华附小团队必将初心如磐。

成志教育，照耀一生！

窦桂梅

2018 年 5 月 1 日

出 版 人　李　东
责任编辑　颜　晴
版式设计　许　扬
责任校对　贾静芳
责任印制　叶小峰

图书在版编目（CIP）数据

成志教育：清华大学附属小学立德树人实践研究 / 窦桂梅等著 .
—北京：教育科学出版社，2019.1（2023.9 重印）
ISBN 978-7-5191-1359-9

Ⅰ . ①成…　Ⅱ . ①窦…　Ⅲ . ①小学—德育工作—研究
Ⅳ . ① G621

中国版本图书馆 CIP 数据核字（2018）第 301418 号

成志教育：清华大学附属小学立德树人实践研究
CHENGZHI JIAOYU: QINGHUA DAXUE FUSHU XIAOXUE LIDE SHUREN SHIJIAN YANJIU

出版发行	教育科学出版社		
社　　址	北京・朝阳区安慧北里安园甲 9 号	邮　　编	100101
总编室电话	010－64981290	编辑部电话	010－64981265
出版部电话	010－64989487	市场部电话	010－64989009
传　　真	010－64891796	网　　址	http://www.esph.com.cn

经　　销	各地新华书店		
印　　刷	运河（唐山）印务有限公司		
开　　本	720 毫米 × 1020 毫米　1/16	版　　次	2019 年 1 月第 1 版
印　　张	16	印　　次	2023 年 9 月第 3 次印刷
字　　数	250 千	定　　价	79.80 元

图书出现印装质量问题，本社负责调换。